Economia para não economistas

R$
2.620
6.345
2620
2610
2600
00300
US$

Virene Roxo Matesco • Paulo Henrique Schenini

Economia para não economistas

Princípios básicos de Economia para profissionais empreendedores em mercados competitivos

8ª edição revista e atualizada

Empresários

Médicos

Dentistas

Engenheiros

Arquitetos

Atletas

Professores

Advogados

e Afins

Editora Senac Rio de Janeiro – Rio de Janeiro – 2014

SISTEMA COMÉRCIO-RJ
SENAC RIO DE JANEIRO

Editora Senac Rio de Janeiro
Rua Pompeu Loureiro, 45/11º andar
Copacabana – Rio de Janeiro
CEP: 22061-000 – RJ
comercial.editora@rj.senac.br | editora@rj.senac.br | www.rj.senac.br/editora

Publisher Manuel Vieira
Editora Karine Fajardo
Produção editorial Camila Simas, Cláudia Amorim e Jacqueline Gutierrez
Coordenação e revisão técnica Senac Rio de Janeiro
Projeto gráfico Cacau Mendes
Revisão Maria da Glória Carvalho
Ilustrações Reinaldo Lee

8ª edição revista e atualizada: novembro de 2014

Impressão: Finaliza Editora e Indústria Gráfica Ltda.

CIP-BRASIL. CATALOGAÇÃO-NA-FONTE
SINDICATO NACIONAL DOS EDITORES DE LIVROS, RJ

M377e
8.ed.

Matesco, Virene, 1952-
Economia para não economistas : princípios básicos de Economia para profissionais empreendedores em mercados competitivos / Virene Roxo Matesco, Paulo Henrique Schenini. - 8. ed. rev. e atual. - Rio de Janeiro : Ed. Senac Rio de Janeiro, 2014.
156p. : il. ; 23cm. (Para não especialistas ; 4)

Inclui bibliografia
ISBN 978-85-7756-307-4

1. Economia. I. Schenini, Paulo Henrique, 1956-. II. Título. III. Série.

14-17427 CDD: 330
CDU: 330

Aos nossos familiares.

Acabo de ler Economia para não economistas. *Fiquei encantado. Trata-se de obra lúcida, objetiva e esclarecedora, imprescindível na biblioteca de qualquer leigo que se interesse por esta "mola mestra" da humanidade – a Economia.*

Reinaldo Nonato de Oliveira Lima
Professor de Estratégia – Escola de Comando e Estado-Maior do Exército

Escrito em português claro, este é o livro ideal para quem precisa aprender Economia e usar seus conhecimentos no dia a dia. Frequentemente economistas lidam com seus pares e somente por eles são entendidos – quando o são. Desta vez, porém, dois deles dispuseram-se a escrever para não semelhantes, e o resultado foi este livro indispensável para quem precisa adquirir rapidamente conhecimentos de Economia para sobreviver no mundo globalizado. E quem não precisa?

Francisco Chaves Jr.
Engenheiro químico – Eco-Processa Tratamento de Resíduos Ltda.

Quando li Economia para não economistas, *senti-me feliz por estar esclarecendo temas e enfoques que não eram claros para mim, mas, principalmente, pela leveza e pela linguagem de "longo alcance" de profissionais reconhecidos pela competência.*

Edmarson Bacelar Mota
Professor e consultor organizacional

Compreender, pragmaticamente, o funcionamento da Economia é uma necessidade dos empresários. Esta obra serve, de forma excepcional, a esse propósito. Recomendo sua leitura àqueles que precisam dos conceitos de Economia no seu ambiente profissional e a todos que desejam entender o noticiário econômico.

Paulo André de Andrade
Empresário – Techisa do Brasil Ltda.

Quer ter base para escolher a melhor aplicação para seu dinheiro? Quer saber o que envolve a obtenção de um financiamento? Questões como essas e muitas outras são tratadas neste livro com a maior leveza e abrangência. É um livro para qualquer um que queira ou precise conhecer o funcionamento da Economia em nossos dias.

Sergio F. Macedo
Consultor independente

Sumário

Prefácio

Se você é um profissional que pretende ser bem-sucedido, e que deseja aumentar sua capacidade de competição, mas tem algumas dificuldades para compreender os efeitos da Economia na sua atividade e as constantes mudanças no cenário econômico nacional e internacional, saiba que este livro pode ajudá-lo a melhorar a qualidade de suas decisões pessoais e profissionais, ampliando seus conhecimentos na área da Economia e em áreas correlatas.

A crescente GLOBALIZAÇÃO da economia mundial e seu impacto no mercado local têm exposto a todos desafios cada vez maiores e inesperados. Assim, o domínio dos principais conceitos e ferramentas da Economia deixa de ser um diferencial competitivo e passa a ser uma condição mínima necessária para que você tenha sucesso profissional e pessoal.

Leia com atenção cada capítulo, compare a teoria com sua experiência pessoal, faça os exercícios propostos e reflita. Nós, os autores, temos a convicção de que a leitura deste livro será fácil e muito proveitosa para você, que tem pouca afinidade com o assunto aqui abordado, mas que deseja corrigir rapidamente essa deficiência.

Virene Roxo Matesco
Paulo Henrique Schenini

€
R$
US$

Agradecimentos

Ao ultrapassarmos a marca de 30 mil exemplares vendidos, agradecemos a nossos leitores a confiança, os elogios e as sugestões apresentadas. Esta 8ª edição foi enriquecida com as valiosas contribuições que recebemos de vocês.

2
ECO
NO
MIA

Introdução

As pessoas usam correntemente, em seu cotidiano, a palavra ECONOMIA para expressar, de forma geral, um conjunto de coisas que fazem parte de suas vidas e sobre as quais não têm quase nenhum controle. Por exemplo, quando a taxa de desemprego está elevada é comum ouvirmos: "a economia está ruim!" Na verdade, quando questionados mais profundamente sobre as razões dessa afirmação, muitos não sabem fundamentar sua opinião.

A economia permeia e influencia toda a sociedade. Todas as pessoas, mesmo as crianças, os aposentados e os desempregados afetam e são afetados pelos acontecimentos econômicos diários. A economia faz parte de nossas vidas. Certamente, se conhecermos mais a respeito de seus princípios e fundamentos, teremos mais chances de obter sucesso pessoal e profissional.

A compreensão dos fundamentos da Economia é essencial para entender e planejar a vida econômica e as decisões financeiras. Não importa sua condição financeira, você sempre será afetado pela situação econômica do país. Caso seja um profissional liberal, ou um pequeno empresário, os acontecimentos da economia são importantes para seu cotidiano. Ademais, você vai precisar responder a certas perguntas que envolvem fatos econômicos com mais frequência e precisão, e, como sabemos, não terá nenhum economista para assessorá-lo em suas respostas.

Quanto maiores forem as suas responsabilidades dentro de uma empresa, mais você vai precisar, por exemplo, traçar cenários, determinar níveis de produção, fixar preços de seus produtos ou serviços, saber identificar, em seus negócios, o impacto de uma alteração da taxa de INFLAÇÃO, de JUROS ou de CÂMBIO. Além disso, as respostas para muitas outras questões se tornam mais consistentes quando fundamentadas em conhecimentos da ciência econômica.

O estudo da Economia é assunto complexo que usualmente toma muitos anos em uma faculdade. Os livros disponíveis no mercado são, muitas vezes, de difícil entendimento, afastando do estudo da Economia a maioria dos profissionais de outras áreas de conhecimento. No entanto, nada põe fim à necessidade desses profissionais de se aprofundar nesse tema.

Não restam dúvidas de que é grande o número de pessoas e de microempresários cujo conhecimento dos princípios da Economia pode fazer a diferença no processo de competição, cada vez mais acirrada nos dias de hoje.

Esta obra tem por objetivo apresentar, de forma simples e descomplicada, os principais conceitos da CIÊNCIA ECONÔMICA, utilizados por todos em suas atividades diárias, muitas vezes de maneira intuitiva. A leitura deste livro é recomendada para os pouco afeitos à Economia, que não querem se tornar especialistas nessa área do conhecimento, mas que desejam ou precisam dominar seus conceitos e princípios, cada vez mais imprescindíveis para os profissionais em geral.

Neste livro, os conceitos, mesmo os mais complexos, são introduzidos com base em situações do cotidiano e exemplos práticos, dentro de uma sequência lógica, permitindo ao leitor não só um envolvimento gradativo com os conteúdos apresentados, mas também uma conexão com as situações rotineiras.

No primeiro capítulo são apresentados os mais importantes conceitos e princípios da Economia, principalmente temas que tratam dos problemas de ESCASSEZ e escolha (custo e benefício), CUSTOS DE OPORTUNIDADE, RECEITAS E CUSTOS MARGINAIS, bem como é explicada a divisão da teoria econômica em MICROECONOMIA e MACROECONOMIA.

O segundo capítulo mostra os mercados competitivos, os determinantes e as leis da OFERTA e da DEMANDA, as implicações das modificações na oferta e demanda *versus* modificações nas quantidades ofertadas e demandadas e, finalmente, o conceito de ELASTICIDADE, seus determinantes e implicações.

No terceiro capítulo é explicado o funcionamento da empresa e do mercado. Destacam-se o conceito de FUNÇÃO DE PRODUÇÃO, os de rendimentos de escala e de escopo e a determinação do preço e das quantidades ótimas de mercado. No mesmo capítulo também estão explicitados os conceitos de CUSTOS, PREÇO e LUCRO.

O quarto capítulo apresenta a INFLAÇÃO, suas causas, seus efeitos, as políticas de combate adotadas no Brasil, além das formas de mensuração da inflação e suas implicações no cotidiano das pessoas.

No quinto capítulo são tratados assuntos pertinentes à MOEDA: seus tipos, suas propriedades e funções. São apresentados, também, o Banco Central do Brasil e suas formas de atuação no controle da liquidez monetária. Complementarmente, explicam-se os AGREGADOS MONETÁRIOS, as formas de atuação dos bancos comerciais e o efeito multiplicador bancário da moeda.

O sexto capítulo expõe assuntos referentes ao comércio internacional e à TAXA DE CÂMBIO, englobando explicações sobre o funcionamento dos fluxos externos de bens, serviços e capitais internacionais.

No sétimo capítulo são tratados temas relativos à globalização e ao desenvolvimento dos países, apresentando uma breve análise histórica do processo de desenvolvimento econômico-industrial dos países.

Por fim, no oitavo capítulo são apresentadas as conclusões do que foi exposto ao longo deste livro.

Ninguém aprende tudo sobre um tema ao ler apenas um livro. Não há substituto para a prática, a vivência diária. Portanto, torna-se imprescindível que o leitor faça os exercícios propostos ao final de cada capítulo para testar e fixar os conhecimentos adquiridos. Lembre-se: o conhecimento só tem valor se você souber utilizá-lo. Para não se frustrar por não saber se o que você fez está correto, no final deste livro você encontrará as respostas completas a todas as questões propostas.

CF
$
LUCRO =Φ
Qu
CT

Conceitos e princípios da Economia

Atualmente, e cada vez mais, você é acometido por fatos que acabaram de acontecer na cidade, no governo local ou no outro lado do mundo, sobre os quais você não tem qualquer ingerência. No entanto, tais fatos irão afetar suas atividades pessoais e profissionais. O objetivo deste capítulo é apresentar os principais conceitos e princípios da ciência econômica, levantando o véu que cobre as relações de causa e efeito dos eventos ligados à economia. Assim, você poderá não só entender e explicar os fatos econômicos depois de sua ocorrência, mas também se antecipar a eles nas tomadas de decisão.

1.1 O que é Economia?

Você já parou para analisar como a economia funciona? Já deve ter percebido que a evolução da humanidade tornou as relações diárias bem mais complexas.

A humanidade, em seus primórdios, só consumia aquilo que conseguia obter ou produzir familiarmente (colher frutas, caçar ou pescar). A alimentação, em particular, e o consumo, em geral, eram pouco diversificados. Imagine um produtor de feijão-preto. Comer feijão-preto é ótimo, porém comer apenas feijão-preto todos os dias certamente será enjoativo.

Hoje em dia, em um único hipermercado, podemos encontrar milhares de itens diferentes, vindos dos quatro cantos do mundo, disponíveis para serem consumidos. Trata-se de um salto espetacular para a humanidade, um progresso que tentaremos explicar em mais detalhes.

Como parte de seu processo de evolução, a sociedade começou a se especializar. Algumas pessoas, ou famílias, que tinham certas facilidades ou habilidades especiais em acumular excedentes de alguma mercadoria trataram de se especializar na sua produção. A especialização trouxe enormes ganhos de produtividade, facilmente percebidos por todos. Entretanto, tais ganhos somente se tornaram efetivos por causa dos mercados locais, em que as pessoas podiam realizar as trocas das mercadorias excedentes por outras necessárias para o sustento de seus familiares.

Até surgirem mercadorias de troca – a MOEDA, por exemplo –, cada pessoa era obrigada a realizar muitas operações de compra e venda até que suas necessidades fossem satisfatoriamente atendidas. Não raro, as pessoas tinham de se tornar vendedoras de mercadorias que recebiam de outros produtores. Naturalmente, com o passar do tempo, surgiram pessoas especializadas em troca de mercadorias, os chamados comerciantes, que passaram a facilitar todo o processo de distribuição e comercialização dos bens e serviços. O atendimento às necessidades das pessoas tornou-se bem mais rápido e eficiente à medida que os indivíduos foram se especializando.

Outro ponto importante a ser evidenciado é o fato de as pessoas costumarem ter mais necessidades – básicas ou supérfluas – do que recursos monetários disponíveis para atendê-las, ou seja, nossos desejos são enormes, mas os recursos monetários são bem escassos. Se os recursos monetários – renda, por exemplo – são insuficientes (escassos), precisamos realizar certas escolhas. É necessário que cada um, racionalmente, escolha o quanto deseja e pode obter de cada bem ou serviço com os recursos monetários de que dispõe, em certo período.

Assim, a Economia é conhecida como a ciência que trata da compreensão sobre a maneira como a sociedade (as pessoas) aloca seus recursos escassos, ou, ainda, como a ciência que estuda o homem na sociedade, em suas relações de troca.

> **Economia** é a ciência das trocas. É a ciência que trata da utilização com máxima eficiência dos recursos produtivos escassos para o atendimento das necessidades dos indivíduos.

A alocação dos recursos escassos resulta de um processo de escolhas e de tomada de decisão. Tudo isso é muito importante para entendermos, de forma mais completa, o funcionamento da Economia. Esse assunto será mais bem examinado adiante.

1.2 **Princípios da Economia**

Para facilitar o entendimento dos temas abordados neste livro, vamos contar a história de uma jovem brasileira chamada Júlia. Ela é estudante e não trabalha, vive com sua família e recebe uma mesada do pai para comprar o que deseja e para se divertir. Um dia, Júlia chegou da faculdade e recebeu uma notícia muito desagradável: seu pai ficara desempregado. Toda a família estava preocupada, afinal o salário do chefe da casa permitia que eles vivessem em excelentes condições, com padrão de classe média.

O choque com a notícia fez Júlia perder o sono naquela noite. Por que um homem tão qualificado como seu pai fora despedido do emprego? O que teria acontecido com a empresa em que seu pai trabalhava? Ela conhecia o proprietário, e ele sempre demonstrara muito carinho e consideração para com seu pai. Na manhã seguinte, Júlia começou a buscar respostas. Conversando com o pai, ficou sabendo que a empresa enfrentava dificuldades financeiras e que mesmo os clientes mais fiéis haviam desaparecido. Essas dificuldades não se restringiam apenas àquela empresa. A economia do país estava em RECESSÃO, e o desemprego em outros segmentos também crescia rapidamente.

Ao se defrontar com a dura realidade, Júlia começou a indagar: Por que a atividade econômica estava desacelerada? Se as pessoas deixam de comprar, as empresas deixam de produzir e começam a despedir seus empregados e, assim, mais pessoas deixarão de consumir. Esse movimento perverso interessa a alguém?

Júlia pensava: o objetivo das empresas é produzir e, para isso, é preciso contratar trabalhadores. Por outro lado, o desejo das pessoas é comprar os bens e serviços produzidos pelas empresas para atender às suas necessidades. Mesmo sem se dar conta, Júlia estava refletindo sobre o funcionamento da atividade econômica de qualquer país. Em suas reflexões, percebeu que, para as pessoas viverem bem e todos ficarem satisfeitos, é preciso que haja circulação de mercadorias e de dinheiro, enfim, que haja trocas. Entretanto, na prática, a economia nem sempre se comporta de acordo com os desejos de Júlia.

Nem sempre o objetivo das empresas (vender) e o desejo das pessoas (adquirir os bens e serviços) são factíveis, pois os dois principais agentes econômicos, vendedores e compradores, se defrontam com problemas relacionados com a escassez. Portanto, tais agentes têm de fazer certas escolhas, às vezes simples, às vezes mais complexas, como foi o caso das demissões de chefes de família, como o pai de Júlia. Imagine o quanto é difícil para um dirigente de uma empresa despedir chefes de família!

A forma como as pessoas lidam com a questão da escassez é a essência da ciência econômica. Na verdade, essas questões estão relacionadas aos princípios que regem a economia, entre os quais destacamos os mais relevantes.

Escassez e escolha (custo e benefício)

Todos nós gostaríamos de ter muito mais do que efetivamente temos, não importando a natureza dos bens e serviços desejados, se de primeira necessidade ou bens de luxo. Todos nós somos seres insaciáveis, queremos muito de (quase) tudo, não apenas no sentido puramente consumista (roupas, calçados, automóveis, celulares de última geração), mas, também, nos desejos relacionados ao desenvolvimento intelectual (uma biblioteca completa, estudar no exterior). Quanto ao desenvolvimento espiritual, muitos de nós gostaríamos de dispor de mais tempo livre para meditar e cuidar da alma. Não importa o objeto de desejo, a maioria das pessoas gostaria de possuir muito mais do que seus recursos monetários lhes permitem adquirir.

Júlia não é diferente de outras jovens de sua idade. Ela sabe que a quantia em reais que seu pai lhe dava como mesada era insuficiente para cobrir todas as suas necessidades e desejos; logo, ela deveria fazer escolhas. Quando um recurso é escasso, as pessoas necessitam optar por uma forma melhor de usá-lo. Se a mesada de Júlia era insuficiente para atender aos seus desejos, ela deveria pensar bem antes de gastá-la, procurar alocar os recursos naquilo que lhe traz mais satisfação e comprar menos daquilo que lhe dá menos prazer. Tomar decisões exige que as pessoas façam comparações entre as diferentes cestas de bens e serviços almejados. Nesse caso, as pessoas terão de abrir mão de maior quantidade de um bem ou serviço para obter mais de outro. Você se lembra da história do cobertor curto que não cobre todo o corpo?

Além disso, convém salientar que um bem é considerado escasso quando é insuficiente (oferta) para atender à sua demanda. Pouca quantidade de um bem não significa escassez. Esse bem precisa ser desejado (demandado) para ser considerado escasso.

Custos de oportunidade

A existência de escassez exige que os indivíduos façam escolhas e, portanto, realizem trocas. Um bom exemplo se revela quando Júlia vai ao supermercado fazer as compras do mês para sua família. Ela sai de casa com uma lista dos itens que precisa comprar e leva uma quantia fixa e limitada de dinheiro. Júlia, como todos nós, adora as novidades expostas nas prateleiras dos supermercados. Ela sabe que qualquer compra fora da lista implicará a renúncia a um outro produto. O valor dessa decisão é chamado de CUSTO DE OPORTUNIDADE, que avalia o melhor uso alternativo de cada decisão.

Mesmo sem nos dar conta, diariamente tomamos decisões, e estas nem sempre são as melhores, aquelas que propiciam os melhores resultados. Quando o despertador toca às 6h, muitas vezes decidimos ficar um pouco mais na cama – e esse é o lado bom. Levantar atrasado e sair correndo, sem tempo para tomar um bom café, foi o custo da preguiça.

Em economia, o custo de oportunidade é um conceito muito útil, pois mede o melhor uso alternativo de cada fator (matéria-prima, insumos básicos, capital físico, tecnologia etc.) envolvido na produção de bens e serviços finais.

Para explicar melhor esse conceito, suponha que Júlia tenha R$ 200,00, presente de sua madrinha, e duas opções para empregar essa quantia. Na primeira, ela poderá comprar duas blusas que, juntas, custam R$ 80,00; os R$ 120,00 restantes serão depositados em sua caderneta de poupança. Na segunda, Júlia poderá depositar integralmente os R$ 200,00 na caderneta de poupança, não consumindo nada.

Na sua opinião, qual é a melhor opção? A satisfação do consumo presente compensa a decisão de gastar parte dos R$ 200,00? Ou ela deve pensar no amanhã e não gastar nenhum centavo dos R$ 200,00? A melhor decisão será aquela que Júlia escolher, pois cada escolha envolve um conceito subjetivo de valor. Muitas vezes é difícil mensurar, em valores monetários, uma decisão, pois o valor de uso tende a ser diferente para cada indivíduo. O que é importante para uns pode não ser para outros, não é mesmo?

Vejamos um outro exemplo, para que o conceito de custo de oportunidade fique ainda mais claro. O pai de Júlia, agora desempregado, vai receber uma boa quantia em reais relativa à rescisão de seu contrato de trabalho. Vamos admitir que o pai de Júlia tenha três opções. Na primeira, ele abriria um negócio; na segunda, aplicaria todos os recursos na caderneta de poupança; na terceira, abriria um negócio, gastando parte dos recursos, e pouparia o restante.

Como saber qual é a melhor decisão? Nesse caso, a mensuração do custo de oportunidade ajuda a responder a questão. Sabemos que a caderneta de poupança tradicional oferece como rendimento a taxa de juros de 0,5% ao mês aplicado sobre os valores atualizados pela TR (Taxa Referencial). O rendimento oferecido pela aplicação na caderneta de poupança é o custo de oportunidade para o pai de Júlia depositar seus recursos integralmente na caderneta de poupança, caso ele decida não abrir o negócio.

Para valer a pena, o negócio deverá incorporar uma expectativa de rentabilidade (ganho) superior ao que ele (pai de Júlia) obteria na caderneta de poupança. Não será lógico começar um negócio, que envolve riscos, se sua expectativa de rentabilidade for igual ou inferior ao seu custo de oportunidade. Por que correr riscos em um negócio se o dinheiro aplicado na caderneta de poupança renderá a mesma quantia mensal? A não ser que valores subjetivos prevaleçam nessa decisão – não ter mais patrão e um horário fixo para trabalhar, por exemplo!

Toda decisão envolve a comparação entre custos e benefícios, mesmo sabendo-se da dificuldade em estimá-los no momento da tomada de decisão. Por exemplo, muitas pessoas decidem cursar uma faculdade à noite e trabalhar durante todo o dia. Além das despesas com as mensalidades, livros, transportes, há outros custos implícitos: ausência do convívio familiar e superação do cansaço para estudar depois de um dia de trabalho.

Os custos presentes parecem bem elevados, mas os benefícios futuros decorrentes serão compensadores? Sabemos que, além da ampliação do conhecimento intelectual, os estudantes universitários terão, no futuro, melhores chances de obtenção de um emprego com salário mais compensador. Os estudantes superam o sacrifício do presente em prol de um futuro promissor, ou seja, o custo presente é compensado pelo benefício futuro.

Quando a economia encontra-se em dificuldades, com taxa de desemprego em alta, muitas pessoas têm de abandonar os estudos. Existem muitas razões para que isso ocorra: elas perderam o emprego e não têm condições financeiras de pagar as mensalidades de seu curso noturno ou, mesmo empregadas, tiveram perda real de renda, ou, ainda, simplesmente ficaram desmotivadas. Para quem desiste de continuar os estudos, os custos presentes não compensarão os benefícios esperados no futuro. Júlia se defrontará com uma difícil decisão: abandonará a faculdade de moda por não suportar o peso financeiro da mensalidade? Em síntese, fica evidente que tomar decisões envolve fazer escolhas que podem ser simples ou complexas e que qualquer decisão é fundamentada em custos, benefícios, oportunidades e incertezas (riscos).

Custo e receita marginal

Muitas vezes, a estimativa dos custos e benefícios não é tarefa fácil, sobretudo quando envolve questões intangíveis, como abrir mão de um excelente emprego longe de casa por um outro emprego, de salário menor, mais próximo de casa. Como mensurar os benefícios de um maior convívio com a família? A resposta a essa e outras questões semelhantes pode ser dada por meio de um conceito econômico: CUSTOS E RECEITAS MARGINAIS.

Retomando nossa história, com o desemprego do pai, Júlia teve de mudar seus hábitos de vida. Sua mesada foi cortada, e ela se viu obrigada a economizar (cortar despesas) e, rapidamente, buscar outra maneira de obter renda para continuar os estudos. Ela soube da existência de um processo de seleção para *trainees* na área de moda em uma grande empresa, localizada em outra cidade, onde precisará pernoitar. Pesquisando, encontrou uma pousada cuja diária era de R$ 80,00. Júlia chegou à cidade ao anoitecer e se dirigiu à pousada, na qual, para sua sorte, mais da metade dos quartos estava vazia. Como não é comum a chegada de novos hóspedes àquela hora, possivelmente os quartos vazios não seriam mais ocupados. Júlia aproveitou a oportunidade para negociar com o proprietário, oferecendo-lhe R$ 40,00 pela diária.

Qual deve ser o raciocínio do dono da pousada para decidir se aceita ou não a oferta de Júlia? Para decidir, ele precisa subtrair de sua receita extra (marginal) seu custo extra (marginal). Se o resultado for positivo, a proposta de Júlia fica atrativa. A receita adicional (marginal), ele já conhece – é de R$ 40,00. Ele também sabe que seu custo adicional (marginal) em aceitar um novo hóspede é de R$ 15,00; esse é o custo que ele vai incorrer por aceitar que Júlia ocupe o quarto por uma noite. Tais custos decorrem da energia elétrica, do café da manhã, da limpeza do quarto e da lavagem das roupas de cama e banho.

Se você fosse o proprietário da pousada, aceitaria a proposta de Júlia? O racional é dizer sim, afinal, o ganho extra, seu lucro marginal, será de

R$ 25,00 (R$ 40,00 – R$ 15,00). Parece vantajoso aceitar a oferta de Júlia, mesmo abaixo do preço preestabelecido, afinal, se ele não aceitar essa oferta, não irá receber nada.

Tomadas de decisão exigem avaliações de custos e benefícios, porém, em certas situações, as pessoas poderão chegar a melhores decisões se pensarem na margem. Se os custos marginais forem menores que os benefícios marginais, será vantajoso fazer mudanças nos planos inicialmente previstos. Já dizia o velho ditado: "Mais vale um pássaro na mão do que dois voando."

Nos relatos de pessoas bem-sucedidas, é comum encontrar depoimentos sobre a importância de se traçar metas profissionais e pessoais. Ao definir uma meta, as pessoas procuram direcionar seus esforços para o alcance dos objetivos propostos. Os gestores, em particular, realizam planos estratégicos para os negócios da empresa, em que cada empregado tem uma tarefa específica e deve se esforçar para que o plano inicialmente traçado atinja seu pleno objetivo. No decorrer do tempo é comum, e muitas vezes necessário, que alguns ajustes adicionais sejam realizados. Tais ajustes são chamados, em Economia, de mudanças marginais. Isso foi o que aconteceu com o proprietário da pousada.

1.3 **Divisão da teoria econômica**

Como Júlia não foi selecionada para o emprego de *trainee* na área de moda, ela tinha de encontrar outra oportunidade de emprego e, assim, ganhar uma renda para se sustentar e ajudar financeiramente sua família. Ela precisava pensar em algo que lhe proporcionasse um rendimento razoável todo mês. Com esse intuito, e como Júlia é estudante universitária do segmento de moda, ela começou a estudar o funcionamento dos mercados e, portanto, das inter-relações entre compradores e vendedores.

Júlia decidiu que iria se tornar uma profissional bem-sucedida e começou a estudar com afinco todos os temas diretamente ligados ao mundo da moda: produção, vendas, fornecedores, enfim, o funcionamento desse mercado específico. Júlia estava interessada em entender não só como e por que algumas pessoas decidem investir na produção de bens e serviços, mas também por que as pessoas decidem comprar mais de determinados bens e menos de outros. Na verdade, o interesse de Júlia representa o cerne da ciência econômica, que é a formalização do mundo real, em diferentes níveis analíticos.

A ciência econômica possui duas dimensões de análise: (a) Economia Descritiva e (b) Teoria Econômica. A Economia Descritiva é a parte da Economia que descreve e mensura os fatos econômicos. A Teoria Econômica, por sua vez, é constituída por teorias e modelos que são formalmente construídos com base nos princípios e leis estabelecidos (identificados) pela economia descritiva.

As duas dimensões analíticas da ciência econômica podem ser estudadas sob dois enfoques distintos, mas complementares entre si: (a) microeconomia e (b) macroeconomia.

Microeconomia

A MICROECONOMIA é a parte da Economia que estuda as relações individuais dos agentes econômicos – consumidor e vendedor –, de um lado, e os mecanismos de funcionamento dos mercados, de outro. O foco de análise da microeconomia situa-se em uma visão microscópica das inter-relações de troca. Entre outras, destacam-se:

- o comportamento do consumidor e seus desejos ilimitados em face de suas restrições de renda;
- as reações dos compradores em relação aos movimentos de preços e de renda;
- o comportamento do vendedor e a busca por maximização de lucro;
- as reações dos vendedores diante dos movimentos de preço e das mudanças tecnológicas;
- a composição dos custos, a determinação dos preços e as estruturas de mercado; e
- o funcionamento dos mercados competitivos e o poder de monopólio.

Macroeconomia

A MACROECONOMIA é a parte da Economia que estuda as inter-relações de troca em níveis mais abrangentes. Analisa o comportamento da atividade econômica de forma agregada e leva em conta a reação da maioria dos agentes econômicos. A macroeconomia analisa a economia como um todo e está fundamentada, entre outros, nos seguintes aspectos:

- o desempenho da atividade econômica, as causas e as medidas de ajuste para as flutuações conjunturais;
- o comportamento dos agregados econômico-financeiros e sociais, tais como Produto Interno Bruto (PIB), Renda Nacional, Consumo Agregado, Investimento e Poupança, Renda *per Capita* e Índice de Desenvolvimento Humano (IDH);
- o comportamento do nível geral dos preços da economia;
- Orçamento Público; Receitas Públicas e o Sistema Tributário; Despesas Públicas: correntes e investimentos;
- o nível de emprego e a taxa de desemprego;
- as transações de bens e serviços (importações e exportações) das empresas (do país) em outros mercados; e
- fluxos de entrada e saída de capitais internacionais e o seu reflexo sobre a taxa de câmbio nominal.

Oferta e demanda: mercados competitivos

Júlia não tem experiência profissional e, inicialmente, planejava concluir seu curso de moda para, depois, procurar um bom emprego. Esse, aliás, é o pensamento da maioria dos jovens, sobretudo os de origem mais abastada. Agora, com o pai desempregado, a situação financeira da família passou a exigir que todos os membros buscassem formas alternativas de geração de renda. Júlia estava descobrindo que, na prática, é difícil conseguir um emprego sem experiência prévia.

Por isso, ela pensou em abrir um negócio próprio e passou a avaliar todas as oportunidades que surgiam no mercado. Ela estava muito confiante e acreditava estar fazendo a coisa certa. A seu favor pesava o fato de cursar o último semestre de Moda e, aparentemente, sua melhor habilidade/competência ser a fabricação de roupas de praia e artigos correlatos. A decisão de abrir uma microempresa (confecção) parecia bem promissora, já que ela morava em uma cidade litorânea, de muito sol na maioria dos meses do ano. O pai de Júlia ficou entusiasmado com a ideia da filha e se prontificou a emprestar-lhe o capital financeiro inicial, oriundo da rescisão de seu contrato de trabalho. Quanta responsabilidade!

Júlia sabia que, para ter sucesso, era preciso conhecer mais o funcionamento dos mercados específicos. Ela resolveu investigar as razões que levam as pessoas a demandar e as empresas a ofertar os bens e serviços. Achou que seria interessante saber como as pessoas e as empresas reagem a determinadas mudanças, tais como gostos, preços, renda etc. Tais indagações levantadas por Júlia são respondidas pelo estudo da teoria microeconômica.

Para o bom desenvolvimento deste capítulo, devemos atentar para o fato de que a microeconomia utiliza muito o conceito de *coeteris paribus*, que significa, em latim, "tudo o mais permanece constante". Isso quer dizer que outras variáveis (fatores) não irão interferir ou interferirão pouco nas decisões dos agentes econômicos. Essa condição permite isolar o fenômeno a ser estudado, evitando certas interferências. Por exemplo, nos dias quentes de verão, as pessoas gostam de tomar sorvete; portanto, há estreita relação entre dias quentes e venda de sorvetes, *coeteris paribus*. Logicamente, outros fatores poderão interferir nas vendas de sorvetes, mas, para melhor compreensão e avaliação do comportamento do consumidor, é preciso isolar cada fenômeno.

> ***Coeteris paribus*** é uma expressão de origem latina que significa que "tudo o mais permanece constante".

2.1 **Demanda: determinantes**

Júlia decidiu estudar a teoria da demanda, que tem como objeto a identificação das diferentes razões que levam as pessoas a adquirir certos bens e serviços. Embora esteja implícito que elas adquirem bens e serviços para satisfazer suas necessidades básicas ou supérfluas, o entendimento dos fatores envolvidos é essencial para os agentes produtivos (empresários) em suas tomadas de decisão. Essa informação será muito útil para Júlia caso ela venha a abrir o próprio negócio.

Muitos empresários contratam especialistas para realizar entrevistas diretas ou dirigidas a grupos selecionados, a fim de identificarem sua reação diante do lançamento de um novo produto, alterações de gosto de um produto já existente no mercado, mudanças de embalagem etc. Essa maneira de estudar o comportamento das pessoas diante de um bem específico é custosa e nem sempre os microempresários podem arcar com esse tipo de gasto. É o caso de Júlia, que busca, na teoria microeconômica, o entendimento do comportamento dos consumidores. Vejamos o que diz a teoria microeconômica a esse respeito.

A demanda por certo bem depende de vários fatores, que podem ser explicados por modelos e teorias construídos com base na observação do comportamento dos consumidores. Entre esses fatores, podemos destacar:

- atendimento das necessidades;
- preferência do consumidor;
- gosto pessoal ou moda;
- preço do bem específico;
- preço do bem substituto ou do bem complementar;
- nível de renda do consumidor; e
- expectativas.

Em seus estudos, Júlia percebeu que todos esses fatores são importantes; contudo, alguns deles exercem influência maior sobre a demanda que outros. A microeconomia destaca os preços do bem específico, de seu substituto próximo ou complementar, e o nível de renda. Assim, a QUANTIDADE DEMANDADA está fortemente relacionada aos movimentos de preços e de renda do consumidor, *coeteris paribus*. Antes de avançar, devemos ter clareza nos conceitos de DEMANDA (a serem discutidos mais adiante) e de quantidade demandada.

Devemos concordar que, de modo geral, os consumidores reagem mal às quantidades demandadas quando há aumento de preços e reagem bem quando há elevação de sua renda. A microeconomia identifica duas razões para explicar por que um aumento de preços leva à redução nas quantidades demandadas. Essas razões são identificadas como EFEITO SUBSTITUIÇÃO e EFEITO RENDA.

O efeito substituição mensura o comportamento do consumidor diante dos movimentos de preço. Quando o preço de um bem aumenta, o consumidor procura um substituto próximo para escapar do gasto extra. Por exemplo, se certa marca de sabão em pó decide aumentar seu preço, qual é a reação das donas de casa? Certamente, a maioria delas procura outra marca, mais barata.

O efeito renda mensura o comportamento do consumidor em face dos movimentos de renda. Quando há aumento de renda real, as pessoas tendem a comprar mais bens e serviços, já que tiveram melhora de seu poder aquisitivo. Com certo nível de renda, os consumidores adquirem uma cesta de bens e serviços. Imagine o que acontecerá com as quantidades demandadas quando muitos pais de família desempregados, tal como o de Júlia, conseguirem outros empregos!

Resumindo, a quantidade demandada cai quando o preço sobe e vice-versa. A quantidade demandada sobe quando a renda do consumidor aumenta, *coeteris paribus*. Júlia já conhece os determinantes da demanda!

2.2 **Oferta: determinantes**

Quais são os motivos que levam os empresários a ofertar certos bens e serviços? Todos aqueles que decidem abrir um negócio têm como objetivo auferir lucros e, para tanto, precisam obter receitas com as vendas de seus produtos e incorrer em custos em sua fabricação. Esse é o caso de Júlia, que deseja abrir um negócio e ganhar dinheiro (lucro) para manter-se financeiramente e ajudar sua família. A microeconomia aponta alguns determinantes fundamentais para explicar a OFERTA de certo bem, destacando-se, entre eles:

- preço dos fatores de produção;
- acesso às tecnologias;
- externalidades: condições climáticas;
- preço do bem específico; e
- preço do bem substituto e do bem complementar.

Todos esses fatores são importantes para determinar a oferta. Contudo, a ciência econômica, em especial a microeconomia, destaca o nível de preço do bem específico como o fator mais relevante para isso, já que ele irá determinar as receitas de vendas (faturamento) das empresas. Por conseguinte, depois de descontados os custos totais, o empresário tem como estimar a margem de lucro econômico (que cobre todos os custos diretos e indiretos). De modo geral, os ofertantes reagem bem quando os preços aumentam. Assim, quando há subida de preços, a QUANTIDADE OFERTADA aumenta, *coeteris paribus*. Antes de avançar, devemos distinguir os conceitos de OFERTA e QUANTIDADE OFERTADA.

2.3 **Leis da oferta e da demanda: equilíbrio**

A oferta mostra a existência de uma relação direta entre a quantidade ofertada e o nível de preço, *coeteris paribus*. A demanda, diferentemente, mostra a existência de uma relação inversa entre quantidade demandada e nível de preço. Essas afirmativas constituem as leis da oferta e da demanda.

A representação da escala da oferta e da demanda está apresentada na Tabela 2.1.

Tabela 2.1 Oferta e demanda.

Preço (R$)	Quantidade		Situação no Mercado
	Oferta	Demanda	
4,00	2	10	Excesso de demanda Há tendência ao aumento de preço
7,00	4	8	Excesso de demanda Há tendência ao aumento de preço
10,00	6	6	Equilíbrio Não há pressão sobre o preço
13,00	8	4	Excesso de oferta Há tendência à queda de preço
16,00	10	2	Excesso de oferta Há tendência à queda de preço

Como Júlia pode verificar na Tabela 2.1, quando o preço praticado no mercado é R$ 10,00, observa-se um "equilíbrio" no mercado, ou seja, as quantidades ofertadas e demandadas são idênticas, não havendo escassez nem excesso. Contudo, se o preço cair, os consumidores desejarão adquirir mais, porém os produtores não se sentirão motivados a ofertar mais. No futuro, como a oferta ficará abaixo da demanda, a tendência será um aumento de preços, o que não é bom para nenhum consumidor, não é mesmo? Situação oposta irá ocorrer quando o preço subir. Nesse caso, a demanda tende a se retrair, e as empresas ficarão com estoques elevados, o que não é bom para nenhum produtor (ofertante). A teoria econômica chama esse fato de "equilíbrio", pois consumidores e produtores estão "satisfeitos" com os preços e as quantidades estabelecidas no mercado. Em síntese, o equilíbrio de mercado é atingido quando, em determinado nível de preço, os consumidores estão dispostos a comprar e os produtores, dispostos a vender, e ambos atingem plenamente seus objetivos.

Deve-se ressaltar que os movimentos para cima e para baixo ocorrem nos mercados competitivos. Em um mercado de monopólio (um único produtor), a situação é diferente. O consumidor tem de "aceitar" o preço predeterminado e as quantidades ofertadas, uma vez que, não havendo concorrentes, não há bens ou serviços substitutos próximos no mercado. Você conhece algum caso semelhante?

2.4 Modificações na oferta e na demanda *versus* modificações nas quantidades ofertadas e demandadas

Como vimos, são vários os determinantes da demanda por um bem ou serviço. Imaginemos, inicialmente, que a mãe de Júlia pediu a ela que fosse ao supermercado comprar dois litros de refrigerante. Lá chegando, Júlia verificou que o preço dos refrigerantes estava em promoção, e o dinheiro que havia levado daria para comprar três litros, em vez dos dois litros solicitados por sua mãe. Em outras palavras, os preços caíram, e a quantidade demandada aumentará, mas a demanda de Júlia por refrigerantes não se modificou; ela gosta de refrigerantes e está apenas aproveitando a promoção.

> **Mudanças nas quantidades demandadas** mostram as diferentes combinações de quantidades adquiridas quando há variações de preços do bem específico.

Sabemos que, como o pai de Júlia está desempregado, a renda da família está bem menor. Caso ele não encontre logo outro emprego, em pouco tempo a família terá de modificar radicalmente seus hábitos. A demanda por refrigerantes deverá se reduzir, e seus familiares deverão passar a beber somente água (o que é muito saudável), que possui um preço unitário menor. Assim, a demanda por refrigerantes deverá sofrer modificações. Em outras palavras, a demanda se altera quando há modificações de renda, de gosto, de preferência etc., independentemente do nível de preço. Modificações de demanda são mais significativas, pois envolvem mudanças de hábito e comportamento por parte dos consumidores.

Mudanças de demanda mostram as diferentes combinações de demanda mediante mudanças de renda, de preferências, moda, entre outros.

Como foi visto, há vários determinantes da oferta por um bem ou serviço. Imaginemos, por exemplo, que outros países desejam comprar mais dos produtos oferecidos pelas empresas do setor em que o pai de Júlia trabalhava. Com isso, haverá uma forte pressão de demanda, e a tendência de CURTO PRAZO será de subida dos preços. As empresas se sentirão motivadas a ofertarem mais, logo, haverá um aumento na quantidade ofertada em decorrência do aumento de preços.

Mudanças nas quantidades ofertadas mostram as diferentes combinações nas quantidades oferecidas quando há variações de preços do bem específico.

Para esclarecer ainda mais esse tópico, imaginemos a seguinte situação. O governo, preocupado com a recessão econômica, decidiu: (a) reduzir os impostos sobre as importações das matérias-primas utilizadas pelo setor no qual o pai de Júlia trabalhava; e (b) aumentar a oferta de crédito destinado à produção e ao consumo nesse mercado.

Os empresários se sentirão motivados a produzir mais, já que os custos de produção irão diminuir e as perspectivas de consumo são promissoras. Assim, as empresas conseguirão obter receitas adicionais de vendas decorrentes do aumento de produção. Em resumo, alterações de preço de certos recursos de produção irão se refletir em mudanças na oferta de mercado.

Júlia começou a entender como funcionam o mercado e as reações dos consumidores e produtores. Alterações nas quantidades demandadas e nas quantidades ofertadas são decorrentes apenas de variações nos níveis de preço e podem ser entendidas como fenômenos conjunturais, passageiros. Os consumidores podem diminuir ou aumentar as quantidades adquiridas em função das oscilações nos níveis de preço. Igualmente, os produtores podem variar as quantidades ofertadas em decorrência das variações para cima ou para baixo dos preços ofertados. Ambos aproveitam a oportunidade que o mercado oferece para consumir ou produzir um pouco mais.

> **Mudanças de oferta** mostram as diferentes combinações de oferta diante de ganhos de produtividade, de novas tecnologias de processos, entre outros.

Já variações de demanda e de oferta implicam mudanças mais qualitativas. Do lado do consumidor, mudanças de preferência e ganhos reais de renda (acima da INFLAÇÃO do período) constituem bons exemplos. Do lado da oferta, mudanças na forma de produzir, ganhos de escala e aquisição de bens de produção mais modernos são bons exemplos, ou seja, mudanças de demanda ou de oferta são mais estruturais (duradouras).

2.5 **Elasticidade: determinantes e implicações**

Júlia já estava compreendendo como se comportam o consumidor e o produtor nos mercados específicos. No entanto, ela percebeu que, muitas vezes, quando os preços variam, a reação dos consumidores e produtores é distinta, dependendo da natureza ou da importância de certos bens ou serviços. Todo aumento de preço leva a uma redução nas quantidades demandadas ou ofertadas? Isso acontece no cotidiano? É possível deixar de comprar medicamentos quando os preços sobem? Quando a tarifa de energia elétrica sobe, qual é a reação dos consumidores? Dá para deixar de comprar alimentos quando os preços aumentam? As respostas a essas questões podem ser encontradas no estudo das elasticidades.

Elasticidade-preço da demanda

Compreender e mensurar tanto a reação dos consumidores em face dos movimentos de preço e de renda quanto a reação dos produtores diante dos movimentos de preços é a parte do estudo da microeconomia que se chama ELASTICIDADE. Esse conceito é muito importante para todos aqueles que produzem, constituindo um desafio para o empresário ou gerente em suas decisões de negócios. A receita do produtor (R) é o resultado da multiplicação das quantidades vendidas (Q) pelo preço praticado no mercado (P). Algebricamente: R = P x Q.

Quando os preços aumentam um pouco e as vendas caem muito, a receita do produtor tende a cair muito mais, e o lucro do empresário diminuirá. Nesse caso, o aumento de preços de seus produtos gerou prejuízos em termos de queda de receita de vendas e, por conseguinte, perda de parcela de mercado.

O conceito de elasticidade é muito importante para auxiliar os empresários em suas decisões de mudança de preços. Trata-se de um conceito microeconômico que tem grande utilidade para o mundo real. A medida de elasticidade é utilizada para avaliar o comportamento da demanda e da oferta. Iniciamos com o entendimento do conceito de elasticidade pelo lado da demanda.

A teoria econômica, em particular a microeconomia, mensura as elasticidades em valores (percentuais). O resultado fornece informações importantíssimas para todos que produzem os bens e serviços no mercado. Imagine que um empresário decida aumentar os preços com o intuito de faturar mais (obter mais receitas). Aliás, esse é o objetivo de todos que produzem, não é mesmo? Você acha que ele sempre terá sucesso? Acha que essa decisão sempre resultará em aumento de receita? A resposta é: nem sempre.

Se o bem ou serviço não for importante para o consumidor, ou se houver outros bons substitutos disponíveis no mercado, este simplesmente abandonará o antigo e o trocará por um outro, em uma situação de aumento de preços. Isso só não irá ocorrer caso o consumidor seja muito fiel à marca, por exemplo. Portanto, a fidelização é um caminho a ser perseguido por todos os ofertantes. Manter o cliente fiel (satisfeito) tende a trazer bons resultados mesmo quando ocorre aumento de preços de produtos com bons substitutos no mercado. Pense nisso!

Quantas vezes retiramos certos produtos de nosso carrinho de compras quando encontramos promoções de preço de produtos semelhantes? Isso também ocorre com você? Nesse caso, dizemos que o produto enfrenta uma DEMANDA ELÁSTICA. Em síntese, o aumento de preços (P) de certo bem ou serviço cuja demanda seja elástica reduz e não eleva a receita (faturamento) de vendas (R), uma vez que as quantidades adquiridas (Q) se reduzem muito. Lembre-se de que R = P x Q.

Exemplo 1

Suponha que os preços aumentaram 20% (Δ%P), mas as quantidades adquiridas de determinado produto caíram 35% (Δ%Q). O que acontecerá com a receita da venda desse produto?

Epd = Δ%Q / Δ%P = (35 / 100) / (20 / 100) = (0,35 / 0,20) = 1,75

O que significa dizer que a ELASTICIDADE-PREÇO DA DEMANDA é igual a 1,75? Esse valor mostra que, para cada 1% de aumento nos preços, ocorrerá uma queda de 1,75% nas quantidades consumidas; logo, as receitas de venda cairão. Ou, ainda, para cada 10% de aumento nos preços haverá uma queda de 17,5% nas quantidades demandadas. Esse fabricante enfrenta uma demanda muito sensível aos movimentos de preço. Sempre que o resultado encontrado for *maior que 1*, teremos o que a teoria econômica chama de *demanda elástica*.

No Apêndice você encontrará alguns exemplos sobre elasticidade. Vale a pena consultá-los, pois eles trazem situações reais que poderão ajudá-lo a reajustar os preços de venda de seu produto. Júlia não tem dúvidas; começou a pensar seriamente no assunto!

Já é sabido que os consumidores, em geral, procuram reduzir as quantidades demandadas quando há aumento de preços. Muitas vezes, a reação inicial das pessoas é tentar escapar do aumento dos preços, sobretudo para os produtos básicos. Esse é o caso de itens como produtos para alimentação e medicamentos. Os consumidores normalmente fazem pesquisas para verificar em quais estabelecimentos os preços estão um pouco mais em conta e, assim, adquirirem as quantidades necessárias. Esses produtos são importantes no cotidiano das pessoas. Para a alegria dos produtores desses bens, as quantidades demandadas tendem a variar pouco quando há aumento de preços, ou seja, quando há elevação nos preços, as quantidades adquiridas não variam ou variam muito pouco. A teoria microeconômica aponta que tais produtos enfrentam uma *demanda inelástica*. Nesse caso, o produtor (ofertante) terá um aumento de receitas de vendas quando o preço sobe, já que as quantidades adquiridas pouco se alteram.

Exemplo 2

Imagine que os preços aumentaram 25% e as quantidades consumidas caíram 12,5%. O que acontecerá com as receitas de vendas deste produto?

Epd = Δ%Q / Δ%P = (12,5 / 100) / (25 / 100) = 0,125 / 0,25 = 0,5

O que significa dizer que a elasticidade-preço da demanda ficou em 0,5? Esse valor indica que, para cada 1% de aumento nos preços, ocorrerá uma queda de apenas 0,5% nas quantidades consumidas; logo, as receitas de venda subirão. Esse fabricante enfrenta uma demanda pouco sensível aos movimentos de preço. Sempre que o resultado da equação for *menor que 1*, teremos o que a teoria econômica denomina *demanda inelástica*.

Para a teoria microeconômica, o valor do coeficiente da elasticidade pode resultar em:

Epd > 1. Demanda muito sensível a preço. Demanda elástica.
A receita do produtor sempre cai quando os preços sobem.
A receita do produtor sempre sobe quando os preços caem.

Epd < 1. Demanda pouco sensível a preço. Demanda inelástica.
A receita do produtor sempre sobe quando os preços sobem.
A receita do produtor sempre cai quando os preços caem.

Epd = 1. Variação dos preços é igual à variação nas quantidades demandadas.
A receita do produtor não se modifica.

O grau de essencialidade é condição importante, mas não é suficiente para o entendimento do conceito de elasticidade. Um bem pode ser muito importante para o nosso dia a dia, mas, se houver bons substitutos no mercado, os consumidores terão alternativas e procurarão aquele bem que tiver um preço mais acessível. Para esses bens, as quantidades procuradas deverão cair muito em caso de aumento de preço, não é mesmo?

Destacamos alguns fatores que têm influência na elasticidade-preço da demanda:

- Existência de bons substitutos no mercado. O número de bens substitutos no mercado dá maior liberdade de escolha ao consumidor. Quanto mais opções, mais o consumidor terá condições de escapar dos aumentos de preço. Diz-se que esse bem enfrenta demanda elástica. Pense como é importante um país participar do comércio internacional!
- Importância do bem. Quando um bem é muito importante para o consumidor, ele será pouco sensível às variações de preço. Diz-se que esse bem enfrenta demanda inelástica.

- Importância no orçamento da família (indivíduo). Quanto maior for o peso de um bem no orçamento (custo alto), mais sensível é a sua demanda (elástica). Por exemplo, as despesas mensais com palitos de fósforo *versus* as despesas com carnes (frango, bovino, porco etc.). Caixas de fósforo apresentam demanda inelástica, enquanto as carnes em geral enfrentam demanda elástica.

Elasticidade-renda da demanda

Imagine agora que haja um aumento de renda do consumidor. Qual será a reação nas quantidades consumidas? Será que o consumidor irá comprar muito mais de todos os bens e serviços? A resposta é: nem sempre. A ELASTICIDADE-RENDA DA DEMANDA mede a reação do consumidor quando ocorre mudança de renda.

Bens normais são aqueles que respondem positivamente, em maiores quantidades demandadas, quando a renda real aumenta; por exemplo: roupas, calçados, entre outros.

Bens inferiores são aqueles que respondem negativamente, em menos quantidades demandadas, quando a renda real aumenta; por exemplo: xampu e condicionador para os cabelos que, na percepção do consumidor, são de baixa qualidade.

Bens superiores são aqueles que respondem mais do que proporcionalmente em aumento de quantidades demandadas, quando a renda real aumenta; por exemplo: bens de luxo.

Exemplo 3

Imagine que haja um aumento de renda de 20% e que as quantidades adquiridas subam 15%. Qual é o valor do coeficiente da elasticidade-renda da demanda?

Erd = Δ%Q / Δ%R = (15 / 100) / (20 / 100) = 0,15 / 0,20 = 0,75

O que significa dizer que a elasticidade-renda da demanda ficou em 0,75?

Esse resultado mostra que para cada 1% de aumento de renda haverá um acréscimo de 0,75% nas quantidades adquiridas ou, para cada 10% de aumento de renda, haverá um acréscimo de 7,5% no consumo. Esse produto é considerado *normal* pelos consumidores.

Exemplo 4

Imagine que haja um aumento de renda de 20% e que as quantidades adquiridas sofram uma queda de -25%. Qual é o valor da elasticidade-renda da demanda?

Erd = Δ%Q / Δ%R = −(25 / 100) / (20 / 100) = −0,25 / 0,20 = −1,25

O que significa dizer que a elasticidade-renda da demanda ficou em −1,25?

Esse resultado significa que, para cada 1% de aumento de renda, haverá queda de 1,25% nas quantidades adquiridas. Esse bem é considerado *inferior* pelos consumidores.

Em síntese:

O bem é considerado normal se o coeficiente da elasticidade-renda da demanda (Erd) for *positivo*, porém *menor que 1*. Os consumidores aumentarão as quantidades consumidas quando ocorrer um aumento real de renda (acima da inflação), *coeteris paribus*.

O bem é considerado inferior se o coeficiente da Erd for *negativo*. Os consumidores reduzirão as quantidades consumidas quando ocorrer um aumento real de renda, *coeteris paribus*.

O bem é considerado superior se o coeficiente da Erd for *positivo*, porém *maior que 1*. Os consumidores aumentarão mais que proporcionalmente as quantidades consumidas em relação aos aumentos reais de renda, *coeteris paribus*.

Os empresários devem ficar muito atentos aos movimentos de renda da sociedade. Imagine que o governo decida aumentar os salários de todos os funcionários públicos! Cuidado, nem todos os empresários ficarão felizes.

Muitos produtos deixarão de ser consumidos e, portanto, serão expulsos do mercado, sobretudo os de baixa qualidade ou considerados inferiores, por qualquer razão, por parte dos consumidores. Outros empresários ficarão exultantes, pois ofertam produtos e serviços que os consumidores consideram superiores ou normais. Muitas vezes, uma empresa pode "quebrar" por desconhecer a percepção dos consumidores diante de seu produto ou serviço. Você, microempresário, deve ficar atento!

No Apêndice, você encontrará exemplos que medem as elasticidades-renda da demanda. Vale conferir.

Elasticidade-preço da oferta

Júlia já aprendeu que todo produtor deseja ofertar mais quando os preços aumentam, uma vez que sua receita de vendas será aumentada. Portanto, a relação entre quantidades ofertadas e preço é sempre positiva. A reação do produtor diante das alterações de preços pode ser medida pela elasticidade-preço da oferta.

Tal como acontece na demanda, a oferta será dita *inelástica* se o valor do coeficiente da elasticidade-preço da oferta (Epo) for *menor que 1*; a oferta será dita *unitária* se o valor do coeficiente da elasticidade-preço for *igual a 1*; e a oferta será dita *elástica* se o valor da elasticidade-preço da oferta for *maior que 1*. Em outras palavras:

Epo > 1. Quantidade ofertada muito sensível a preço. Oferta elástica.

As quantidades ofertadas aumentam proporcionalmente mais que o aumento do preço.

Epo < 1. Quantidade ofertada pouco sensível a preço. Oferta inelástica.

As quantidades ofertadas aumentam proporcionalmente menos que o aumento do preço.

Epo = 1. Quantidade ofertada varia na mesma proporção da variação dos preços. Oferta unitária.

Exemplo 5

Imagine que as empresas de determinado setor optem por aumentar os preços em 15% e que as quantidades ofertadas subam 24%.

Epo = Δ%Q / Δ%P = (24 / 100) / (15 / 100) = 0,24 / 0,15 = 1,6

O que significa dizer que a elasticidade-preço da oferta resultou em 1,6?

Os fabricantes desse produto ou serviço têm alta flexibilidade para ofertar maiores quantidades, pois para cada 1% de aumento de preços há 1,6% de aumento de oferta. Logo, a qualquer estímulo, os empresários reagirão positivamente de forma rápida. Isso significa dizer que esse produto enfrenta oferta elástica.

Exemplo 6

Suponha que as empresas decidam aumentar seus preços de venda em 10%, porém as quantidades ofertadas aumentem somente 5%. Por que isso ocorre?

Epo = Δ%Q / Δ%P = (5 / 100) / (10 / 100) = 0,05 / 0,10 = 0,5

O que significa dizer que a elasticidade-preço da oferta resultou em 0,5?

Os fabricantes desse produto ou serviço têm baixa flexibilidade em ofertar mais, pois, para cada 1% de aumento de preço, a quantidade ofertada reage pouco, somente 0,5%. Aumentos de preço não levam a aumentos significativos nas quantidades ofertadas. Isso pode ocorrer por dificuldades em adquirir matérias-primas ou insumos básicos. Logo, esse produto enfrenta uma oferta inelástica.

A medida de elasticidade-preço da oferta é importante para avaliar a capacidade de o produtor responder mais ou menos rápido às variações nas quantidades ofertadas em face dos movimentos de preços que ocorrem na economia. Muitas vezes, o produtor gostaria de ofertar muito mais e, assim, obter receitas de vendas mais elevadas. Contudo, seus fornecedores podem não ter condições de entregar os insumos ou as matérias-primas em tempo hábil ou, ainda, a produção necessitar de certo tempo, como é o caso dos produtos agrícolas.

Resumindo, são os seguintes fatores, entre outros, que têm influência na elasticidade-preço da oferta:

- acesso e disponibilidade de fatores da produção. Quanto maior o acesso do produtor a matérias-primas, insumos básicos e tecnologia, mais rápida será sua resposta em face da movimentação dos preços; portanto, esse bem possui oferta elástica; e
- determinadas culturas, como a do cacau, requerem um tempo longo entre o plantio e a colheita; portanto, há defasagem de tempo entre a variação dos preços e a capacidade do produtor em ofertar. Logo, esse bem enfrenta uma oferta inelástica.

No Apêndice, você encontra mais exemplos sobre elasticidade-preço da oferta. Não deixe de consultá-lo.

Capítulo 3

Funcionamento da empresa e do mercado

Depois de muito trabalho, muitos gastos e tempo despendido, e após várias idas e vindas nos mais diferentes órgãos públicos para conseguir toda a documentação e licenças, Júlia tornou-se proprietária de uma microempresa. Isso só foi possível porque seu pai disponibilizou o capital financeiro inicial, oriundo da rescisão de seu contrato de trabalho. Você sabe que o capital financeiro constitui um fator muito importante, tal como mão de obra treinada e acesso e disponibilidade de matérias-primas. O capital financeiro, independentemente de sua origem (empréstimo bancário ou de familiares), tem um custo que precisa ser levado em consideração: o custo de oportunidade. Assim, Júlia terá de remunerar o capital financeiro disponibilizado por seu pai, em forma de pagamento de juros mensais, e, aos poucos, ir AMORTIZANDO o empréstimo. Júlia está atenta a esses custos! Júlia e o pai (contador experiente) decidiram trabalhar juntos. Abriram uma confecção de roupas de praia e de artigos correlatos.

Ela precisa rapidamente conhecer o funcionamento do seu mercado específico e também o dia a dia uma microempresa. Tais informações são difíceis de serem adquiridas, a não ser vivenciando-as, passando por certas experiências, ou estudando nos livros, a fim de minimizar possíveis equívocos. Excelente formação básica e vivência profissional são elementos essenciais para o sucesso, não é mesmo?

Júlia precisa aprender sobre a estrutura de custos e como eles devem ser mensurados, e, ainda, como os preços são fixados e qual é o nível ótimo de produção. Em outras palavras, ela precisa saber como encontrar uma quantidade ótima que permita cobrir todos os custos e, ainda, obter lucros. No capítulo anterior ela observou que deverá ter muito cuidado ao fixar os preços, pois, caso estejam fora da realidade do mercado ou das possibilidades de renda do consumidor, eles podem afugentar sua clientela. Observe quantos detalhes devem ser levados em conta!

3.1 **Política fiscal: impacto sobre consumo e investimentos produtivos**

Uma questão muito importante que todo empresário deve considerar durante a elaboração de sua planilha de custos e a fixação dos preços é a incidência de impostos, taxas e contribuições sobre quaisquer atividades produtivas e comerciais. No Brasil, a carga tributária tem sido crescente e elevada, passando de 30,7% do PIB em 2000 para 36,42% em 2013, segundo o Instituto Brasileiro de Planejamento Tributário (IBPT). Esse percentual tem provocado severas críticas por parte da sociedade, não somente pelas altas alíquotas em relação ao nível de renda da população, mas também pela ineficácia e ineficiência com que os recursos arrecadados são empregados na consecução do desenvolvimento econômico e social do país. Você já pensou que a tributação afeta o nível de renda disponível dos indivíduos?

A forma como o governo tributa as pessoas e empresas por meio de impostos, taxas e contribuições para geração de receitas públicas causa impacto direto sobre a renda pessoal disponível da população e, por conseguinte, sobre o nível de consumo agregado, da poupança nacional e dos investimentos produtivos. A realização de tais investimentos depende do nível de poupança do país (privada, pública e externa) como fonte de financiamento. Por outro lado, quanto maiores forem as despesas públicas, os gastos correntes e de capital (investimentos), maiores serão os estímulos ao crescimento da economia. Portanto, a estrutura tributária de um país deve estar de acordo com a atuação e a abrangência do setor público no cotidiano da população e das empresas. Sua presença, maior ou menor, nas mais diferentes áreas da sociedade pode ser acompanhada, entre outros indicativos, por meio da política fiscal.

> **Política Fiscal** – trata das Receitas e Despesas Públicas. A Política Fiscal cumpre, pelo menos, três objetivos: (a) financia os gastos públicos; (b) distribui a renda; e (c) promove o crescimento e o desenvolvimento por meio da geração de renda e emprego.

Assim, se a economia apresenta tendência para a queda do nível de atividade, o governo pode estimulá-la, cortando impostos e/ou elevando gastos (política fiscal expansionista). Pode ocorrer o inverso. Caso o governo objetive reduzir o nível de atividade, estará realizando uma política fiscal contracionista.

Se as receitas públicas forem maiores que as despesas, o governo estará gerando um saldo positivo em suas contas, denominado *superávit fiscal* ou *primário*, e esse é um dos principais termômetros de avaliação dos investidores internos e externos para medir a solvência de um país. Ao contrário, se as receitas forem menores que as despesas públicas, o resultado é denominado *déficit fiscal* ou *primário*. Nos resultados fiscais de superávit ou déficit não estão inclusas as despesas com o serviço da dívida do setor público, como os pagamentos de juros.

Caso o valor monetário (R$) do superávit primário (receitas públicas maiores que as despesas) não seja suficiente para honrar os compromissos com as despesas financeiras da dívida total do setor público, diz-se que o país encontra-se em uma situação de déficit nominal ou total. Ou seja, superávit primário menor que as despesas financeiras resulta em déficit nominal e, nesse caso, a dívida do setor público aumenta.

Retornando à microempresa de Júlia, vimos que ela está começando bem devagar. Estava no início de seus negócios, vendendo mais para pessoas conhecidas. Em um bom dia, ela recebeu um telefonema de uma grande loja. A gerente de compras viu suas peças de praia e gostou muito, tanto do *design* quanto do acabamento. Realmente Júlia estava se dedicando com afinco ao negócio, afinal, ela não podia cometer erros, já que a poupança de anos de trabalho de seu pai estava investida em sua microempresa.

A gerente da grande loja desejava adquirir, a um preço determinado, uma grande quantidade de roupas de praia. Júlia ficou radiante, mas, ao mesmo tempo, muito preocupada com a responsabilidade que essa encomenda representa para o futuro de seus projetos empresariais.

Para atender à encomenda dentro do prazo estabelecido, Júlia terá muito trabalho, pois as quantidades demandadas representam quatro vezes sua atual produção. A notícia é ótima, mas exige que ela refaça urgentemente seu planejamento estratégico, seu plano de negócios.

Ela terá de planejar cuidadosamente, em primeiro lugar, as compras das matérias-primas; depois, o processo de fabricação e as embalagens; e, posteriormente, a entrega a contento da encomenda. Nesse momento, ela percebe que o conhecimento adquirido da teoria microeconômica lhe será muito importante.

A microeconomia se baseia na hipótese de que as empresas buscam maximizar seus lucros por meio de redução de custos ou aumento das receitas de vendas, ou por intermédio de ambas as ações combinadas.

O nível de preços (P) determinará as quantidades ofertadas (Qo), ou seja, supõe-se que a microempresa de Júlia deverá ofertar uma quantidade de peças que venha a maximizar o lucro que, além de cobrir todos os custos de produção, proporcione um rendimento adicional e razoável para o atendimento de suas necessidades pessoais e também de sua família. Entretanto, a OFERTA individual da empresa de Júlia, bem como as demais ofertas de cada uma das empresas que compõem esse segmento específico, podem ficar limitadas por algum fator de produção, como o acesso às matérias-primas básicas ou, ainda, a falta de mão de obra especializada.

No caso específico de Júlia, será que ela irá conseguir comprar toda a matéria-prima necessária? Será que ela irá dispor de cortadeiras e costureiras com as mesmas qualificações daquelas que já estão trabalhando em sua microempresa? Todas essas questões estão tirando o seu sono... Muitas vezes, o sucesso repentino pode trazer dificuldades ou prejuízos no futuro. Portanto, o planejamento de cada fase do processo de produção é muito importante.

A tecnologia escolhida é influenciada pelo preço dos insumos e das matérias-primas disponíveis no mercado. No caso de Júlia, que mora no Brasil (um país em desenvolvimento), ela tenderá à adoção de uma tecnologia mais intensiva no fator trabalho (mão de obra) porque o custo do trabalho nos países em desenvolvimento é relativamente mais barato que nos países ricos. Também convém lembrar que o fator capital é mais escasso e caro nos países em desenvolvimento, em comparação aos países desenvolvidos. Isso significa dizer que é mais "barato" contratar cortadeiras e costureiras do que adquirir máquinas ou robôs sofisticados que cortam e costuram, mesmo levando em conta os encargos trabalhistas que incidem sobre a folha de pagamento das empresas.

3.2 **Função de produção**

Quando Júlia, ou qualquer outro(a) empresário(a), está decidindo sobre o seu nível de produção e sobre o preço que deverá ser praticado, em busca da maximização do lucro, ela enfrenta uma série de restrições, como a tecnologia disponível, a ação dos concorrentes e dos compradores, além das restrições impostas pelos fornecedores de insumos e matérias-primas.

Uma FUNÇÃO DE PRODUÇÃO leva em conta essas questões porque demonstra como os fatores de produção podem ser combinados, de modo a ofertar uma quantidade determinada de produtos.

Conforme já comentado, a teoria econômica destaca como fatores de produção os seguintes itens: trabalho, recursos naturais, matérias-primas, tecnologia e capacidade empresarial. A função de produção associa esses fatores à produção física.

3.3 **Rendimento de escala e de escopo**

A função de produção pode ser visualizada por meio da construção de uma tabela que relacione a produção total para diferentes quantidades de fatores de produção. A Tabela 3.1 demonstra o que acontece com a produção total quando o fator trabalho (mão de obra) varia e os demais fatores se mantêm constantes.

Tabela 3.1 Relação entre produção total e quantidades de fatores de produção.

Capacidade Empresarial	Capital Físico	Número de Empregados	Total (PT)	Produto Marginal (PMg)	Médio (PMe)
Fixa	Fixo	10	100	—	10
Fixa	Fixo	11	150	50	13,6
Fixa	Fixo	12	180	30	15

Nessa tabela, como se pode observar, as colunas PRODUTO MARGINAL (PMg) e PRODUTO MÉDIO (PMe), os quais serão explicados a seguir, foram construídas unicamente em função das alterações do fator trabalho (mão de obra), enquanto os demais fatores - capacidade empresarial e capital físico - permaneceram inalterados.

Produto marginal

O conceito de *marginal*, como vimos, é muito usado em Economia porque capta as pequenas variações no processo de produção. O PMg constitui o acréscimo (variação) no PRODUTO TOTAL (PT) decorrente da variação de uma unidade do fator trabalho (contratação de outro empregado).

Exemplo 1

Quanto variou a produção total, quando a empresa contratou o 11º empregado? Vejamos: para produzir 100 peças, a empresa contava com 10 empregados. Porém, ao contratar mais 1 empregado (11 no total), a produção total passou de 100 para 150 peças de roupas de praia.

Então: $PMg = \Delta PT / \Delta T = (150 - 100) / (11 - 10) = 50 / 1 = 50$

E o que aconteceu com a produção total quando o 12º empregado foi contratado? A produção marginal aumentou em mais 30 peças de roupas de praia.

PMg = (180 – 150) / (12 – 11) = 30 / 1 = 30

Preste atenção! O 12º empregado é menos produtivo, em comparação ao 11º, anteriormente contratado. A Lei dos Rendimentos Marginais discute essas questões. Preste muita atenção na produtividade de cada trabalhador contratado.

Lei dos Rendimentos Marginais

Pode-se constatar que o acréscimo de um fator provoca um incremento na produção total. Tais acréscimos irão obedecer a duas leis da Economia, a seguir descritas.

> **Lei dos rendimentos marginais crescentes** – ocorre quando aumentos em um fator de produção produzem acréscimos cada vez maiores na produção total.

> **Lei dos rendimentos marginais decrescentes** – ocorre quando aumentos na quantidade utilizada, em um fator de produção, produzem acréscimos cada vez menores na produção total.

No caso de Júlia, é possível utilizar a lei dos rendimentos marginais para verificar se compensa, ou não, contratar mais uma empregada. A nova contratação só se justifica se o produto marginal gerado compensar os custos adicionais. Caso contrário, não tem sentido aumentar a produção. Em outras palavras, se o custo adicional (marginal) for superior à receita adicional (marginal), não compensa o aumento da produção. Você está lembrado do uso desses conceitos, explicados no primeiro capítulo?

Produto médio

Outro conceito muito utilizado pela microeconomia é o de PRODUTO MÉDIO. Esse conceito avalia as variações médias da produção total quando há variação do fator trabalho, constituindo-se, assim, medida de produtividade do trabalho.

Exemplo 2

Voltemos à Tabela 3.1. O que aconteceu com o produto médio (PMe), quando a empresa contratou o 11º e o 12º empregado?

Os 10 empregados juntos produziam 100 peças, logo, a média por empregado era de 10 peças. PMe = PT / T = 100 / 10 = 10. Quando o 11º empregado foi contratado, a produção média passou para 13,6 (= 150 / 11). Posteriormente, com a contratação do 12º empregado, a produção média aumentou ainda mais, passando para 15 (= 180 / 12).

3.4 Preço, custos e maximização de lucro

O segmento de roupas de praia e artigos correlatos é constituído por muitos fabricantes disputando o mesmo mercado. Surge, daí, uma questão fundamental: Como se forma o preço unitário (de cada peça), em um mercado tão competitivo, levando em conta que toda empresa busca maximizar o lucro?

Novamente, a teoria econômica nos auxilia. Os preços tendem a ajustar as quantidades ofertadas às quantidades demandadas. Esse princípio é conhecido como as já citadas Lei da Oferta e Lei da Demanda.

A situação ideal ocorre quando as empresas participantes do mercado conseguem praticar um nível de preço superior aos custos unitários (por peça). Contudo, no curto prazo, pode ocorrer uma situação em que o preço praticado fica abaixo dos seus custos unitários, levando a empresa a operar em prejuízo. A teoria econômica alerta para essa possibilidade que, embora não seja a situação ideal, pode ocorrer.

Ponto de equilíbrio (break-even)

Para entender o PONTO DE BREAK-EVEN é preciso admitir que tudo que é produzido é vendido, ou seja, não existem estoques *encalhados*; as quantidades ofertadas se igualam às quantidades demandadas.

Na prática, ocorrem situações intermediárias, em que as empresas podem avaliar sua lucratividade em função dos seus diferentes níveis de faturamento de vendas. Além disso, existe um nível de produção que é muito importante para as empresas. Esse nível de produção – aquele que as empresas precisam alcançar para cobrir todos os seus custos – é conhecido como break-even. Nesse nível, as empresas deixam de ter prejuízo e, a partir dele, passam a operar com lucro, quando a receita de venda é superior aos custos totais de produção.

Qual será esse nível ótimo? Imagine o quanto essa questão é relevante, pois Júlia está se reestruturando para atender ao pedido daquela grande loja, lembra-se? Para encontrar o nível ótimo de produção é preciso, inicialmente, identificar todos os custos existentes dentro de uma empresa. A teoria econômica divide os CUSTOS em dois conjuntos: os FIXOS e os VARIÁVEIS. Os primeiros constituem aqueles custos existentes, mesmo quando as empresas não estão produzindo. Como exemplo podemos citar o aluguel, as despesas mínimas de energia elétrica, água e telefone. Já os custos variáveis dependem das quantidades produzidas, como tecidos, linhas e aviamentos em geral. Quanto maiores forem as quantidades produzidas, maiores serão os gastos com tecidos e aviamentos, não é mesmo?

Júlia, que precisa fazer o seu planejamento de negócios, terá de estimar as quantidades mínimas de peças fabricadas que venham a cobrir todos os seus custos e, então, começar a obter lucro. Qual será, então, seu break-even? Vamos exemplificar.

Exemplo 3

Suponha que a microempresa de Júlia apresente a seguinte estrutura de custos:

a) Custo fixo (CF) = R$ 1.000,00.

Alguns exemplos: aluguel do imóvel, consumo de água, energia elétrica e gás, mão de obra alocada na administração e manutenção de móveis, equipamentos, maquinários etc.

b) Custo variável (CV) = R$ 1.000,00 (para produzir determinada quantidade de peças).

Alguns exemplos: tecidos e aviamentos em geral, combustíveis, mão de obra ligada à produção (costureiras, cortadeiras e passadeiras).

c) Custo total (CT) = custo fixo mais o custo variável. R$ 1.000,00 + R$ 1.000,00 = R$ 2.000,00

d) Preço unitário por peças (P) = R$ 20,00. Preço estabelecido pela grande loja.

Como vimos, no break-even o lucro é igual a zero porque, naquele nível de produção, o CT se iguala à receita de vendas (R).

R = P (preço) x Q (Quantidade) e R = CT

então: R = P x Q e Q = R / P

logo: Q = R$ 2.000,00 / R$ 20,00 = 100

Logo, Q = 100 peças de roupas de praia

O break-even é 100 peças. Cada peça apresentou um custo variável médio de R$ 10,00, em que CV dividido por Q = CV Unitário. R$ 1.000,00 / 100 = R$ 10,00.

Os custos unitários (CT dividido pelas quantidades) ficaram em R$ 20,00, ou seja, R$ 2.000,00 : 100. Em outras palavras, o custo unitário por peça é R$ 20,00.

De outro modo, Júlia precisava encontrar a quantidade ótima mínima (Qe) a ser produzida, a qual cobriria os custos totais.

Qe = CF / (P – CV Unitário)

Qe = R$ 1.000,00 / (R$ 20,00 – R$ 10,00)

100 = R$ 1.000,00 / R$ 10,00

Qe = 100 peças de roupas de praia

Como se pode observar, com o preço de R$ 20,00 estabelecido pela grande loja, e com a atual estrutura de custos, Júlia não terá lucro. Será que compensa trabalhar tanto e não ter lucro?

Exemplo 4

Imagine que Júlia foi conversar com a gerente da grande loja e conseguiu convencê-la a pagar um preço unitário (P) um pouco maior: R$ 25,00, por peça, em vez dos R$ 20,00 anteriormente fixados. Admitindo-se que a estrutura de custos seja idêntica à do exemplo anterior, qual será o seu lucro?

CF + CV = CT = R$ 2.000,00 (para Qe = 100)

Receita = P x Q = R$ 25,00 x 100 = R$ 2.500,00

Receita – CT = R$ 2.500,00 – R$ 2.000,00 = R$ 500,00

Ou: o lucro por peça será de R$ 5,00 = R$ 500,00 / 100

Exemplo 5

Imagine outra situação na qual Júlia deseja fixar uma margem de lucro de 20%. Quantas peças (Q) deverão ser fabricadas para atingir sua meta?

Para simplificar, vamos considerar que os custos fixos e variáveis são os mesmos dos exemplos anteriores e que o preço foi fixado em R$ 20,00.

Dados:

Custo fixo = R$ 1.000,00

Custo variável = R$ 1.000,00 (Qe inicial de 100)

Preço por peça = R$ 20,00

Lucro = 20% do CT

Q = Quantidades ofertadas

Q = CF / (P – CV Unitário)

Q = R$ 1.000,00 x 20% / (R$ 20,00 – R$ 10,00 x 20%)

Q = R$ 1.200,00 / (R$ 20,00 – R$ 12,00)

Q = R$ 1.200,00 / R$ 8,00

Q = 150

Júlia precisará fabricar 150 peças de roupas de praia para obter um lucro de 20%, mantidos todos os custos inalterados.

Contudo, lembre-se de que, para produzir mais, de 100 para 150 peças, ela incorrerá em um custo variável maior, uma vez que terá de gastar mais metros de tecidos, linhas e aviamentos em geral. No que se refere aos custos relativos ao seu quadro de pessoal, esses poderão ficar inalterados desde que haja maiores ganhos de produtividade por empregado, ou seja, que os empregados consigam aumentar a produção média sem alteração em seus rendimentos mensais. Essa é uma situação muito excepcional dentro de uma empresa, não é mesmo?

Para entender melhor todos os exemplos, convém lembrar que, na vida real, tudo está sempre mudando; consequentemente, as variáveis envolvidas também. Pense no que acontecerá com preços e quantidades de equilíbrio quando ocorrer um aumento nos custos fixos, como o aumento no preço do aluguel do imóvel. Haverá alteração no ponto de break-even? Claro que sim. Modifique os custos fixos de R$ 1.000,00 para R$ 1.300,00 e veja o que acontece nos exemplos anteriores.

Apesar de o break-even ser um instrumento muito utilizado, é preciso considerar que a equação aqui demonstrada pressupõe um comportamento linear das variáveis, uma simplificação que dificilmente se verifica na realidade, no cotidiano das empresas. Por exemplo, Júlia poderia chegar a uma situação em que um aumento em sua produção exigiria uma redução em sua margem de lucros. Isso pode ocorrer em certas situações. Pense nisso!

Outro ponto a destacar é o fato de que essa situação só é válida no CURTO PRAZO. Na prática, existem muitas outras despesas cujos benefícios podem se estender por outros períodos. Júlia, por exemplo, poderia incorrer em algumas despesas com estudos e pesquisas cujos benefícios só seriam percebidos e usufruídos nos períodos seguintes, em futuras encomendas.

Outra questão importante é que a análise apresentada se aplica bem a um único produto. Quando uma empresa tem mais de uma linha de produção – o que é bem comum –, é necessário utilizar equações mais complexas. Exemplo: se a empresa de Júlia fabrica biquínis, maiôs, saídas de praia, cangas, bolsas de tecidos e bonés, os custos fixos de sua empresa podem ser distribuídos pelas diferentes linhas de produto. Nesse caso, a quantidade mínima de peças de roupas de praias (biquínis e maiôs) poderá ser menor que a encontrada nos exemplos anteriores, uma vez que o custo fixo será comparativamente menor, pois foi distribuído por outras linhas de produção. Refaça o Exemplo 5, admitindo um custo fixo de R$ 700,00.

Curto e longo prazos

Dependendo do tipo de negócio em que a empresa estiver inserida, o tempo de produção será diferente, ou seja, o período considerado CURTO PRAZO pode variar conforme a natureza da empresa. Por exemplo, Júlia, que é fabricante de roupas de praia, pode aumentar ou diminuir sua produção rapidamente, de um dia para outro. Já um fabricante de equipamentos pesados provavelmente precisará de um tempo maior para adequar a sua produção, caso haja um aumento de demanda por seu equipamento. A flexibilidade em alterar para mais ou para menos a produção (oferta) depende de um conjunto de fatores. O tempo para produzir constitui um dos fatores relevantes. Você se lembra do conceito de elasticidade-preço da oferta discutido no Capítulo 2?

No LONGO PRAZO, a situação de qualquer empresa pode mudar significativamente. Assim, Júlia terá mais tempo para avaliar, com cuidado, qual deverá ser o tamanho (porte) ideal de sua confecção.

No longo prazo, uma vez que todos os fatores de produção podem ser modificados, a empresa pode se defrontar com três situações, a saber:

a) Economia de escala (retornos crescentes)

Economia de escala existe quando há um aumento de escala de produção, acompanhado por uma redução no custo médio (CUSTO TOTAL dividido pelas quantidades), por peça fabricada.

Essa possibilidade pode ocorrer caso a microempresa de Júlia tenha uma capacidade instalada que não estava sendo utilizada. Se ela aumentar sua produção, seus custos fixos permanecerão constantes e passarão a ser rateados por uma quantidade maior de produção.

b) Retornos constantes de escala

Essa possibilidade ocorre quando há um aumento de escala de produção, acompanhado por uma manutenção (constância) no custo médio.

Na microempresa de Júlia, essa possibilidade passaria a existir caso não houvesse rateio dos custos fixos com outras linhas de produtos.

c) Deseconomia de escala (retornos decrescentes)

Enquanto as economias de escala estão associadas a ganhos de produtividade dos fatores de produção, uma deseconomia de escala pode ocorrer pela adoção de uma tecnologia mais produtiva, porém com custo mais elevado quando operada em níveis baixos de produção (baixo nível de escala).

Deseconomia de escala se refere ao aumento de escala de produção acompanhado por um aumento no custo unitário.

No caso de Júlia, essa possibilidade poderia acontecer caso ela tivesse adquirido outros equipamentos mais caros e produtivos, mas que, naquele momento, estivessem sendo subutilizados. Assim, ela se defrontaria com custos fixos mais elevados que, mesmo rateados por uma produção mais elevada, produziriam um custo por unidade de produto mais alto que o obtido anteriormente, quando a produção era relativamente menor.

Economia de escopo (mix)

> **Economia de escopo** se refere às reduções de custos resultantes da produção conjunta de dois ou mais produtos (ou linhas de produtos), implicando menores custos unitários quando comparados à produção de cada produto de forma isolada.

Assim, no exemplo de Júlia, se, além da fabricação de roupas de praia e artigos correlatos, ela resolvesse produzir também roupas de ginástica, utilizando as mesmas instalações e mão de obra disponíveis, ela estaria rateando seus custos fixos entre outras linhas diferentes de produto. Nesse caso, ela se beneficiaria da denominada economia de escopo.

3.5 **Oferta no mercado competitivo**

O segmento de confecções, ao qual pertence a microempresa de Júlia, é composto por milhares de pequenas empresas (pequeno porte) que, isoladamente, não têm condições de impor suas condições (níveis de preços) ao mercado.

Nesse caso, a empresa de Júlia é conhecida como *price-taker* porque nem ela nem as demais empresas participantes do mercado têm condições, sozinhas, de fixar os preços dos seus produtos. A oferta do mercado, nessa situação, é resultante do somatório das ofertas individuais de todas as empresas participantes do mercado, demonstrando a quantidade total de produto que o mercado está disposto a ofertar em função dos diferentes níveis de preços.

Desse modo, na medida em que o preço de mercado sobe, aumenta a quantidade que os participantes do mercado estão dispostos a ofertar. A lei da oferta, nesse caso, é uma função direta dos níveis de preço praticados. Maior preço induz as empresas a ofertarem mais, *coeteris paribus*.

Apesar de a oferta depender fundamentalmente do nível de preço praticado pelo mercado, existem outros fatores que podem influenciá-la. Podemos citar alguns exemplos:

a) ingerência governamental regulando o mercado por meio de barreiras legais, subsídios ou sobretaxas fiscais;
b) mudanças na tecnologia de produção;
c) mudanças nos preços das matérias-primas ou insumos;
d) mudanças substanciais no número de participantes do mercado; e
e) mudanças nas expectativas futuras dos empresários.

Com base nas questões descritas neste capítulo, podemos concluir que um microempresário deve ficar atento quando recebe um grande pedido de produção. Às vezes, os custos adicionais se elevam mais que as futuras receitas adicionais. Explicitar com muita transparência a estrutura de custos da empresa, elaborando um planejamento de negócios bem estruturado, constitui determinante-chave para a obtenção de lucro e, por conseguinte, para o sucesso da empresa.

Júlia seguiu passo a passo toda a explanação da teoria econômica, colocou-a em prática e conseguiu obter sucesso. Atendeu a contento a encomenda da grande loja e alcançou um retorno positivo. O lucro obtido deu impulso à expansão de sua microempresa. As vendas foram um sucesso tão grande que, para a próxima temporada, a gerente da loja prometeu renovar o pedido. Júlia está satisfeita, pois conseguiu quitar o empréstimo que seu pai lhe concedeu (os recursos financeiros do FGTS) para iniciar o seu negócio.

Inflação e mensuração do custo de vida

Júlia está feliz com o andamento de seus negócios. As roupas de praia e os artigos correlatos têm sido um sucesso de vendas, e agora ela está pensando em diversificar sua produção. A ideia é confeccionar também roupas de ginástica, que não sofrem efeito de sazonalidades, como ocorre com as roupas de praia que, durante o inverno, quase não são demandadas. Dessa forma, Júlia terá sempre demanda por seus produtos, não necessitando demitir seus empregados durante o período de baixa estação.

Júlia adquire as matérias-primas (tecidos, linhas, elásticos, entre outros) utilizadas na fabricação de suas mercadorias em um grande atacadista localizado no subúrbio de sua cidade. No jargão econômico, as matérias-primas, os insumos básicos e a tecnologia são denominados *fatores da produção*. Você está lembrado? Os preços praticados pelos lojistas da região compensam a distância e as despesas extras com combustível e, assim, os custos de produção têm se mantido relativamente baixos.

Certo dia, ao pagar suas compras, Júlia tomou um susto: os preços das matérias-primas haviam aumentado 20%. Como não tinha conhecimento desse reajuste, o dinheiro que levava na bolsa não cobria os gastos. Júlia preferia pagar suas compras à vista e, preferencialmente, em dinheiro (espécie) ou em cartão de débito direto, a fim de ganhar bons descontos. Naquele dia, a alternativa foi pagar a diferença das despesas no cartão de crédito – também uma boa opção desde que a fatura seja paga integralmente no dia de seu vencimento, devido aos altos juros praticados por esse segmento.

Ela saiu da loja um pouco preocupada e ligou o rádio do carro para se distrair. Outra surpresa desagradável: o preço dos combustíveis iria sofrer um reajuste de 8%, a partir do dia seguinte. Júlia pensou: Por que os preços no Brasil aumentam de forma contínua? Em um mês é o combustível, no outro, o gás de cozinha e a energia elétrica, depois, a tarifa de telefonia e assim por diante. Quais são as causas desses perversos aumentos? E, ainda, por que a inflação registrada tende a variar em torno de 0,7% a 1,5% ao mês, mesmo quando os aumentos de preços de alguns itens oscilam entre 10% e 20%? A proposta deste capítulo é responder a essas e outras indagações.

4.1 Causas da inflação

As alterações dos preços para cima e para baixo são comuns em todas as economias, de países desenvolvidos ou emergentes. Tais alterações se configuram como respostas aos movimentos nem sempre harmoniosos entre os agentes que demandam e os que ofertam os bens e serviços, bem como suas expectativas, quer sejam em relação a seus níveis de renda (demandantes), quer sejam em relação a suas estratégias de negócios em geral (ofertantes). Por exemplo, a demanda presente é atendida pela oferta passada. Quando vamos às compras, as mercadorias já estão nas prateleiras nos aguardando. Os ofertantes tomam as decisões de investimentos produtivos (quanto, o quê e como produzir) com antecedência. Em outras palavras, é decorrido determinado período de tempo entre a decisão de ofertar e a fabricação (produção) final do bem. Já os demandantes são mais volúveis, podem decidir consumir ou não certo bem de maneira rápida e inesperada e podem, ainda, mudar sua decisão na hora da compra. Isso também ocorre com você?

O movimento dos consumidores, de um lado, e o movimento dos produtores, de outro, podem levar à subida ou à descida de preços. Esse movimento não é considerado pela ciência econômica como inflação porque não há mudanças no nível geral de preços. Alguns preços sobem, outros descem, e a variação média dos preços pode se manter inalterada.

Contudo, em determinados períodos (ou por certo período) podem ocorrer aumentos contínuos e generalizados da maioria dos preços da economia. Essa ocorrência configura inflação. Vamos explicar melhor. A inflação pode ocorrer por um período específico. Uma grande enchente que destrói lavouras, danifica as pastagens e prejudica a distribuição das mercadorias tende a gerar escassez de alimentos, sobretudo os agrícolas e pecuários. Nesse caso, o nível geral de preços pode se alterar para um patamar mais elevado, permanecendo lá por um bom tempo até que a situação se normalize. Assim, a economia sofreu um choque de preços caracterizado pelo lado da oferta, chamado pela teoria econômica de CHOQUE DE OFERTA.

Em outros casos, a alta dos preços pode acontecer de forma contínua e generalizada por longos anos, como foi o caso brasileiro. E por que isso ocorre? A teoria econômica aponta várias causas para a existência de inflação. Uma delas se refere às emissões de MOEDA sem lastro. Isso ocorreu depois que os países abandonaram, em meados do século XX, o sistema "padrão-ouro". Esse sistema consistia no lastreamento da quantidade de moeda emitida de acordo com a quantidade de ouro existente nos bancos centrais.

Examinemos outra situação. Imagine que, por uma razão qualquer, haja um aumento de renda real, ocorra um aumento de demanda agregada. Os consumidores irão comprar mais bens e serviços e, como a oferta não responde rapidamente a essa mudança de comportamento, os preços tenderão a subir. À medida que os preços sobem, há estímulos para aumentos de produção e para contratação de novos trabalhadores; logo, o desemprego tende a cair, evidenciando, assim, uma estreita relação entre aumento da taxa de inflação e redução da taxa de desemprego. Essa relação foi explicada por A.W. Phillips, em 1958, em um famoso trabalho que ficou conhecido como a CURVA DE PHILLIPS.[1]

O que pode motivar um aumento de demanda agregada? Destacamos alguns motivos, a saber:

---

1. A. W. Phillips. "A relação entre o desemprego e a taxa de variação dos salários no Reino Unido, 1861-1957", *apud* O. Blanchard, *Macroeconomia: teoria e política econômica* (Rio de Janeiro: Campus/Elsevier, 1999. pp. 316-317).

a) aumentos de moeda, que se refletem em queda das taxas de juros e maior disponibilidade de créditos;
b) redução de impostos que aumentam a renda disponível do consumidor; e
c) aumento de gastos do governo em realização de obras públicas, que estimula novas contratações de mão de obra e outros recursos produtivos.

Todos esses motivos tendem a aquecer o ritmo da economia que, por conseguinte, demanda mais emprego, gerando, em consequência, mais renda e propiciando uma elevação dos níveis de preço. Em outras palavras, há diferentes combinações entre taxa de emprego e de inflação; quanto menor for a taxa de desemprego maior tenderá a ser a taxa de inflação. Esse é o cerne da curva de Phillips.[2]

É preciso lembrar que as diferentes combinações entre inflação e desemprego dependem do grau de ociosidade da capacidade instalada no país. Se a economia estiver operando próximo ao pleno emprego dos fatores de produção, a inflação tende a ocorrer com mais intensidade, em um aumento de demanda agregada. Ao contrário, se a economia estiver com grande ociosidade da capacidade instalada, a pressão sobre a alta dos preços tende a ser bem menor. Isso ocorre porque os trabalhadores que conseguem empregos não pressionarão por salários reais elevados.

4.2 **Inflação e seus efeitos perversos**

A ocorrência de inflação traz sérios prejuízos para o país e sua população. Contudo, tais prejuízos não são igualmente distribuídos por todos; alguns agentes tendem a obter ganhos e outros tendem a perder.

---

2. Existem alguns economistas que contestam a curva de Phillips, como Milton Friedman, professor da Universidade de Chicago, conhecido como o pai do monetarismo, em célebre artigo "O papel da política monetária", em *American Economic Review*, EUA, 1968.

Em primeiro lugar, é preciso ter em mente que a ocorrência da inflação, qualquer que seja sua origem (causa), se reflete na sociedade como um fenômeno monetário, pois a moeda perde o seu poder de compra, e os indivíduos necessitam de mais moeda para comprar os mesmos produtos. Imagine o que acontece quando Júlia vai ao supermercado com uma lista de itens que necessita adquirir e lá verifica que os preços de muitos itens de sua lista sofreram aumento.

Nesse caso, Júlia terá duas alternativas. A primeira é gastar a mesma quantia de reais e, portanto, comprar menos quantidade de produtos; a segunda é comprar a mesma quantidade de produtos e gastar mais recursos monetários (R$). Qualquer que seja a decisão de Júlia, a inflação lhe trará perdas, não é mesmo?

Portanto, para os indivíduos que têm uma renda mensal fixa, a inflação reduz o poder de compra. Esse fato é mais evidente para as classes menos favorecidas, que não possuem mecanismos institucionais para se protegerem. Na verdade, o pobre carrega a inflação no bolso, não é mesmo?

Já para aqueles indivíduos cujas rendas são variáveis e que podem transferir para os outros os custos extras, a inflação tende a causar menores danos ou até a trazer bons lucros. É o caso da classe mais favorecida, que tem aplicações financeiras no banco e tende a sofrer menos com a inflação, pois consegue obter ganhos extras (juros), mantendo, assim, o poder de compra. Essa classe compra as mesmas quantidades de bens e serviços porque sua renda está protegida.

Ademais, em uma transação financeira em uma sociedade que não disponha de nenhum instrumento de atualização monetária, a inflação acaba beneficiando o devedor e, por conseguinte, penalizando o credor. Dessa forma, a inflação causa um efeito distributivo perverso entre os agentes da economia.

4.3 **Medindo inflação: índices de preços**

Muitas pessoas desconfiam dos índices de preços (inflação) divulgados todos os meses e acreditam que o cálculo não reflete realmente a alta dos preços de sua cesta de bens e serviços adquirida mensalmente. Essa desconfiança tem fundamento, pois cada indivíduo adquire uma cesta de compras específica. Você já reparou, em um supermercado, que não existem compras iguais e que cada carrinho cheio de mercadorias é distinto um do outro? Cada indivíduo adquire a cesta de bens e serviços que atenda às suas necessidades e lhe proporcione maior nível de satisfação. Por isso, o impacto do aumento de preços é diferente em cada cesta, e para cada consumidor haverá uma inflação diferente. Portanto, a desconfiança das pessoas não tem fundamento à luz da teoria econômica, que mensura a evolução dos preços de determinada cesta de bens e serviços e atribui pesos a cada item da cesta, de acordo com o orçamento familiar.

Imagine que a família de Júlia seja vegetariana e que as famílias de suas amigas Paula e Luísa adorem comer carnes em geral. Se houver um aumento no preço das carnes, a família de Júlia não sofrerá nenhum impacto do aumento de preços. Já as famílias de Paula e Luísa terão de comprar uma

quantidade menor de carne, reduzir as quantidades demandadas de outros itens ou, ainda, se quiserem continuar comprando as mesmas quantidades anteriores, irão despender mais recursos monetários.

Portanto, a variação dos preços para cima ou para baixo é mensurada por diferentes índices, que atendem a objetivos diferentes e têm abrangência distinta: setorial, regional e nacional. Um índice de preço constitui a média ponderada da variação de preços de determinada cesta de bens e serviços, previamente escolhida pela população de uma região e atualizada em determinados períodos pelas instituições responsáveis. Os índices de preços têm normalmente periodicidade mensal, quinzenal ou semanal.

No Brasil, são duas as principais instituições que mensuram e publicam as variações de preços: o Instituto Brasileiro de Economia da Fundação Getulio Vargas (IBRE/FGV) e o Instituto Brasileiro de Geografia e Estatística (IBGE). Listamos a seguir os índices de preços mais utilizados no Brasil.

IGP-DI – Índice Geral de Preços – Disponibilidade Interna (IBRE/FGV)

Esse índice registra a variação de preços desde matérias-primas agrícolas e industriais até dos bens e serviços anuais. O mais tradicional do país, publicado pela FGV desde a década de 1940, tem periodicidade mensal e é formado por três índices de preços:

a) **IPA** – Índice de Preço por Atacado, com peso de 60%;
b) **INCC** – Índice Nacional da Construção Civil, com peso de 10%; e
c) **IPC** – Índice de Preços ao Consumidor, que abrange uma cesta de bens e serviços adquiridos por famílias com renda de 1 a 33 salários mínimos, com peso de 30%.

IPCA – Índice de Preços ao Consumidor Amplo (IBGE)

Esse índice é mensal e abrange uma cesta de bens e serviços adquiridos por famílias com renda de 1 a 40 salários mínimos, cobrindo 13 regiões do país: Belém, Fortaleza, Recife, Salvador, Belo Horizonte, Rio de Janeiro, São Paulo, Curitiba, Vitória, Porto Alegre, Brasília e os municípios de Goiânia e de Campo Grande.

INPC – Índice Nacional de Preços ao Consumidor (IBGE)

Esse índice é mensal e abrange uma cesta de bens e serviços adquiridos por famílias com renda de 1 a 5 salários mínimos, cobrindo as mesmas regiões do país contempladas no IPCA.

4.4 **Inflação no Brasil e seu combate**

No Brasil, historicamente a inflação sempre foi elevada quando comparada aos padrões internacionais. São várias as causas que originaram as altas de preços no país. Destacamos duas:

a) descontrole das contas públicas. O ORÇAMENTO FISCAL do governo foi, por muitos anos, peça de ficção: as despesas públicas eram superiores às receitas. Para financiar os constantes desequilíbrios orçamentários, os governos emitiam moeda ou buscavam financiamentos e empréstimos nos mercados internos e externos. As duas fontes de financiamento causavam impactos perversos sobre os preços internos do país; e
b) choques de preços internacionais, como os dois aumentos de preço do barril de petróleo na década de 1970 e das taxas externas de juros no início dos anos 1980. Os aumentos de preço do barril de petróleo e das taxas de juros causaram impactos perversos sobre os custos de produção, e as empresas os repassaram para os preços finais de seus bens e serviços.

O descontrole das contas públicas (má gestão das contas públicas), entendido como má condução das ações de política fiscal, item discutido anteriormente, levou o país a acumular, por longos anos, crescente endividamento tanto em moeda nacional quanto em moeda estrangeira. A título de exemplo, a dívida total líquida do setor público, que, em 1994, era de R$ 153 bilhões ou 30% do PIB, passou, em agosto de 2014, para R$ 1,8 trilhão, representando 35,9% do PIB.

As fontes de financiamento da dívida são motivo de preocupação por parte dos gestores públicos e da sociedade em geral, pois o governo necessita emitir papéis (títulos), captar novos empréstimos ou, ainda, aumentar a carga tributária para obter novas receitas. Quaisquer alternativas para financiá-la causam impactos negativos sobre a atividade econômico-produtiva e sobre os níveis gerais de preços.

A Tabela 4.1 ilustra a evolução dos níveis de preços da economia brasileira, mensurada pelo IGP/DI do IBRE/FGV.

Várias foram as tentativas para debelar a inflação. Em fevereiro de 1986, ainda no governo José Sarney, foi adotado um plano bem radical para eliminar a alta de preços: o Plano Cruzado, que tinha como principais medidas o congelamento de preços e de salários e a criação de uma nova moeda, o Cruzado. Com forte apelo social, a população brasileira deu total apoio ao plano do governo e se considerou "fiscal do Sarney". Esse plano não atingiu o resultado esperado e, nos anos seguintes, o governo anunciou mais dois planos de combate à inflação: o Plano Bresser, nome do então ministro da Fazenda, Luiz Carlos Bresser Pereira, e o Plano Verão, instituído em janeiro de 1989.

O Plano Collor, implementado em março de 1990 pelo governo de Fernando Collor de Melo, também foi muito radical ao confiscar os recursos monetários depositados nas contas bancárias, adotar a desindexação dos salários e preços e, ainda, criar uma nova moeda, o Cruzeiro. O Plano Collor não alcançou o êxito esperado e ainda causou forte desconfiança no governo por parte da população brasileira. No ano seguinte, em 1991, o governo instituiu o Plano Collor II que também resultou em baixa eficácia. A alta de preços continuava a provocar sérios transtornos no cotidiano da sociedade brasileira.

Tabela 4.1 Índice Geral de Preços – Disponibilidade Interna (IGP-DI).

Ano	Variação Anual (%)	Ano	Variação Anual (%)	Ano	Variação Anual (%)	Ano	Variação Anual (%)
1945	11,11	**1963**	79,92	**1981**	95,18	**1999**	19,98
1946	22,22	**1964**	92,12	**1982**	99,72	**2000**	9,80
1947	2,73	**1965**	34,24	**1983**	210,99	**2001**	10,40
1948	7,96	**1966**	39,12	**1984**	223,81	**2002**	26,41
1949	12,30	**1967**	25,01	**1985**	235,09	**2003**	7,67
1950	12,41	**1968**	25,49	**1986**	65,04	**2004**	12,14
1951	12,34	**1969**	19,31	**1987**	415,83	**2005**	1,22
1952	12,72	**1970**	19,26	**1988**	1.037,56	**2006**	3,79
1953	20,51	**1971**	19,47	**1989**	1.782,90	**2007**	7,89
1954	25,86	**1972**	15,72	**1990**	1.476,71	**2008**	9,11
1955	12,15	**1973**	15,54	**1991**	480,16	**2009**	-1,44
1956	24,55	**1974**	34,55	**1992**	1.157,44	**2010**	11,31
1957	6,96	**1975**	29,35	**1993**	2.708,15	**2011**	5,01
1958	24,39	**1976**	46,26	**1994**	1.093,89	**2012**	8,10
1959	39,43	**1977**	38,78	**1995**	14,78	**2013**	5,52
1960	30,47	**1978**	40,81	**1996**	9,34	**2014**	–
1961	47,78	**1979**	77,25	**1997**	7,48	**2015**	–
1962	51,60	**1980**	110,25	**1998**	1,70	**2016**	–

Fonte: IBRE/FGV.

Em março de 1994, o governo Itamar Franco e seu então ministro da Fazenda, Fernando Henrique Cardoso, adotaram o Plano Real, considerado por todos os economistas o mais eficaz e o que obteve os melhores resultados. Inicialmente, foi criada a Unidade de Referência de Valor (URV), que funcionava como um indexador diário da variação de preços da economia. Em 30 de julho de 1994, quando a URV equivalia a CR$ 2.750,00, o governo anunciou a desindexação da economia.

Naquele momento, nasceu uma nova moeda, o real, e todos os preços foram divididos por 2.750. Desse modo, CR$ 2.750,00 passaram a equivaler a R$ 1,00. O maior sucesso do Plano Real decorreu do processo de desindexação dos preços. A memória inflacionária estava sendo gradativamente apagada do cotidiano da população brasileira. Desde então, a alta dos preços tem se mantido bem mais moderada quando comparada à história inflacionária do Brasil.

A vigilância no que se refere ao aumento de preços é uma prática comum em todos os países. O sucesso alcançado em um ano, de baixa inflação, não garante por si só o sucesso no ano seguinte. Muitos países começaram a adotar a prática de estabelecer metas anuais para a inflação. No Brasil, tal prática teve início em 1999, e o nosso Banco Central tem sido a instituição responsável pelo cumprimento da meta para a inflação. O índice de preços oficial, para o acompanhamento das metas inflacionárias atualmente no país, é o IPCA do IBGE.

4.5 **Ganhos nominais e reais**

O acompanhamento dos movimentos de preços da economia é muito útil no cotidiano das pessoas, nas atividades de negócios das empresas e no próprio governo, para o controle dos gastos e receitas públicas. Para Júlia não é diferente; acompanhar o movimento de preços ao longo dos meses lhe permitirá planejar melhor sua vida pessoal e profissional. Com relação a você, certamente, esse acompanhamento também será muito útil.

Antes de passarmos a analisar exemplos práticos, devemos lembrar que a inflação é medida por um índice de preços, como já vimos na leitura deste capítulo.

Assim, em primeiro lugar, Júlia deverá escolher um índice de preço que melhor reflita sua cesta de consumo de bens e serviços. Vamos imaginar que Júlia escolhe o IPCA para acompanhar a evolução dos preços.

Exemplo 1

O síndico do prédio onde Júlia e sua família moram comunicou a todos os moradores que o condomínio, no valor de R$ 350,00, terá um aumento de 15%. A justificativa para esse aumento é que o valor estava "congelado" há um ano.

Assim, o novo valor passará para R$ 402,50 = R$ 350,00 + R$ 52,50 (15%).

Como Júlia vem acompanhando a evolução dos preços medida pelo IPCA, ela verificou que, nos últimos 12 meses, o percentual acumulado ficou em 7,6%. Sendo assim, qual foi o aumento real no valor do condomínio?

Ora, se o reajuste fosse estabelecido de acordo com a inflação (7,6%) o novo valor do condomínio passaria para R$ 376,60 = R$ 350,00 + R$ 26,60 (7,6%). Essa seria a cota nominal, por apartamento. Como o reajuste foi superior ao índice da inflação haverá, então, uma arrecadação com aumento real (ganho extra) para o condomínio de R$ 25,90, por apartamento, que, em percentual, corresponde a 6,88%, ou seja [(1,15 / 1,076) - 1 x 100].

Cabe salientar que o síndico pode criar uma "cesta de consumo" do condomínio, listando a variação de diversos preços pagos mensalmente para mostrar à Julia e aos demais moradores, porque necessita que o aumento da cota do condomínio seja maior que a taxa da inflação no período.

Exemplo 2

No final do mês, depois de apurar as receitas e as despesas, Júlia verificou que teve uma sobra de recursos no valor de R$ 2.000,00. Ela ficou muito feliz e foi conversar com a gerente de seu banco, pois desejava fazer uma aplicação financeira. A gerente apresentou duas opções.

Na primeira, Júlia aplicaria seus recursos em um fundo de investimento prefixado, com remuneração líquida de 11,6%, (descontados todos os impostos e encargos), em 12 meses. Nesse caso, o rendimento é conhecido previamente, no momento da aplicação; portanto, no final de 12 meses, Julia terá R$ 2.232,00 = R$ 2.000,00 + R$ 232,00 (11,6%).

Na segunda opção, Júlia aplicaria em um fundo de investimento pós-fixado, ou seja, o rendimento é conhecido somente no final de 12 meses. A gerente comunicou que a remuneração será 5% de juros "reais" e mais o IPCA acumulado de 12 meses.

Que decisão difícil, não é mesmo? O que você faria no lugar de Júlia?

Em primeiro lugar, Júlia terá de conhecer a projeção de inflação para os próximos 12 meses. Essa informação é divulgada pela imprensa. É lógico que poderá ocorrer um erro de previsão, mas normalmente as projeções, tanto das instituições financeiras quanto do Banco Central, variam pouco para cima ou para baixo. Lembrando que o Banco Central tem metas a mais de inflação a serem cumpridas.

Suponhamos que a inflação (IPCA) no final de 12 meses ficou em 7,6%.

Nesse caso, Júlia teria R$ 2.259,60 = R$ 2.000,00 + R$ 259,60 (7,6% do IPCA acrescido de 5% de juros reais). Esse valor apresenta um ganho real de R$ 107,60 e mais um ganho nominal de R$ 152,00.

Em síntese, ganho real representa o rendimento acima da inflação, enquanto ganho nominal é aquele que representa o ganho total, inclusive a inflação.

Se Júlia tivesse escolhido a primeira opção, ela deixaria de obter um rendimento adicional na sua aplicação de R$ 20,20 (R$ 2.259,60 – R$ 2.232,00) ou de 1,01% = [(1,1298 / 1,116) – 1 x 100].

Exemplo 3

Imagine que as costureiras da confecção de Júlia recebam um salário mensal de R$ 500,00. Júlia decidiu dar-lhes um aumento, reajustando os salários para R$ 550,00. Admitindo que a inflação no período foi de 5%, qual foi o ganho real de cada costureira?

Se Júlia reajustasse pela inflação, o novo salário passaria para R$ 525,00 = R$ 500,00 + R$ 25,00 (5%). Assim, cada costureira teve um GANHO REAL de R$ 25,00 ou 4,76% = [(1,10 / 1,05) – 1 x 100]. Uma vez que R$ 550,00 = 500,00 + R$ 50,00 (10%).

Júlia percebeu que o assunto inflação, tratado neste capítulo, é muito importante para o seu cotidiano. Seu sucesso profissional e pessoal, assim como o de todas as pessoas, depende de um bom planejamento econômico-financeiro. Para tanto, é fundamental o entendimento dos movimentos dos preços da economia. Pense você também nesse assunto!

Moeda e bancos

Júlia vem aprendendo muito desde que abriu o próprio negócio. Ela tem observado que algumas práticas, realizadas de maneira quase automática, como ir ao banco, sacar dinheiro, pagar com cheques ou cartões, obter um empréstimo, têm importância vital para o dinamismo do sistema bancário e de toda a atividade econômica. Ela percebeu, também,

que existem decisões tomadas pelas autoridades monetárias e pelo governo que afetam suas atividades empresariais e sua vida pessoal. A seguir, veremos como a moeda e o sistema financeiro funcionam na economia e de que maneira eles impactam no cotidiano das pessoas e das empresas em geral.

Mas, afinal, o que é moeda?

> **Moeda** é o meio de troca socialmente aceito como contrapartida para as transações de bens e serviços ou para a liquidação de dívidas, assumindo também as funções de unidade de referência (conta) e de reserva de valor.

Para que a moeda funcione é preciso que haja um pacto social, em que todos concordem em aceitá-la. Em outras palavras, a moeda deve ter uma aceitação generalizada, por parte da sociedade como um todo, e ser escassa em relação à demanda, ou seja, a oferta de moeda deve ser escassa em relação à demanda por moeda, por parte de toda a sociedade.

5.1 Propriedades da moeda: funções

Nos primórdios da humanidade não havia moeda. As mercadorias eram simplesmente trocadas por outras, em uma atividade chamada de escambo. Essa atividade consumia muito tempo e esforço, pois as pessoas precisavam encontrar alguém que tivesse o objeto de seu desejo e que aceitasse o que elas tinham a oferecer em troca.

O sistema de trocas de mercadorias por outras perdurou por milhares de anos até o surgimento de objetos que passaram a ter função de moeda. A escolha do objeto a ser utilizado como moeda teve e tem pouca relevância. O importante é que o grupo social que vai utilizá-lo o aceite, sem questionamento, como meio de realizar pagamentos e recebimentos.

Assim, o surgimento da moeda representou um grande avanço para a humanidade, intermediando as trocas e agilizando as transações, uma vez que a moeda não exige coincidência de desejos entre o comprador e o vendedor.

A moeda assume três funções básicas, descritas a seguir.

a) Meio de troca

Quando Júlia aceita dinheiro (moeda) em pagamento de suas mercadorias, muitas vezes não pretende usá-lo imediatamente. Seu uso poderá ser feito posteriormente, em pagamentos de tributos, nas compras de matérias-primas ou na aquisição dos bens e serviços. Assim, fica claro que a principal função da moeda é servir como meio de troca nas transações.

b) Unidade de referência (conta)

A moeda serve como unidade de referência dos preços e para a contabilidade pessoal, das empresas e da economia. Exemplo: uma das peças de roupas de praia fabricadas pela empresa de Júlia tem o preço de R$ 25,00. Esse é o valor de referência (R$).

c) Reserva de valor

Apesar de outros ativos também servirem como reserva de valor, tais como imóveis, pedras e metais preciosos, a moeda assume a função de reserva de valor, em razão de suas características: praticidade, divisibilidade, alta liquidez, aceitação e portabilidade.

5.2 **Tipos de moeda**

A moeda vem evoluindo ao longo dos tempos, passando de mercadorias para moedas de metais preciosos, depois para papel-moeda lastreado (conversível) em ouro e, finalmente, para "papel-moeda" ou, bem mais recentemente, combinado com "moeda de plástico" (cartões de débito e de crédito).

Moeda fiduciária

É aquela que tem um valor de face muito maior que seu custo de produção. Por exemplo, uma nota de R$ 50,00 vale muito mais que o seu custo de fabricação.

Cheque

Quando uma pessoa faz um depósito à vista em um banco comercial, receberá em contrapartida o reconhecimento formal de que o banco tem um compromisso (dívida) em igual valor monetário com o depositário. Os cheques constituem ordens de pagamento à vista, aceitos pelos indivíduos com base na credibilidade criada por todo o sistema financeiro.

Atualmente, estão sendo muito utilizados os meios de pagamento eletrônicos na internet e no celular, por sua praticidade e segurança.

Cartões de crédito ou de débito

Para facilitar ainda mais as transações comerciais e financeiras, outras inovações tecnológicas foram criadas, como os cartões de crédito e de débito, que funcionam como "dinheiro de plástico", pois possuem boa aceitação, liquidez e praticidade. Podemos ainda considerar o vale-refeição e o vale-transporte, que também funcionam como meio de troca.

5.3 **Banco Central e controle monetário**

A política econômica é formada pelas políticas fiscal, monetária e cambial. A primeira trata da elaboração e execução do orçamento público, e seus meios são as receitas e despesas públicas. A segunda trata do montante de recursos monetários em circulação no país e da fixação da taxa básica de juros Selic (Sistema Especial de Liquidação e Custódia). A política monetária tem por objetivo manter a taxa de inflação no limite da meta preestabelecida, e, para tanto, o Banco Central deve controlar a oferta de moeda, influenciando as taxas de juros praticadas pelo mercado. A terceira, política cambial, trata dos mecanismos de preços (taxa de câmbio) entre a oferta e a demanda de divisas estrangeiras. Esse assunto será tratado mais adiante.

Por meio da política monetária, as autoridades determinam os mecanismos de financiamento, empréstimos e créditos para a sociedade em geral, e do financiamento do setor público. No Brasil, o Conselho Monetário Nacional, por intermédio do Comitê de Política Monetária (Copom), pode aumentar ou diminuir a oferta de moeda, bem como alterar as taxas de juros Selic. O Copom é formado pelo presidente e demais dirigentes do Banco Central. Esse Comitê se reúne periodicamente para avaliar o desempenho da economia e dos preços em geral e propor correções de rumos relativas à política monetária. São duas as ações praticadas pelo Copom, a saber:

a) **aumento da oferta monetária** – Se a autoridade monetária decidir colocar mais moeda em circulação, isto é, além do nível ótimo que permita as transações econômicas, haverá excesso de moeda. Nesse caso, denomina-se política monetária expansionista e tende a ser foco de inflação; e
b) **redução da oferta monetária** – É usada para controlar a inflação, estabilizar os níveis de preços da economia. O Brasil, desde 1999, passou a adotar metas para a inflação, o que implica severo controle da expansão monetária.

Para aumentar ou diminuir a oferta de moeda, o Banco Central utiliza vários instrumentos de controle de política monetária:

- emissão primária ou retirada de moeda de circulação;
- recolhimento obrigatório (compulsório) da movimentação diária dos bancos comerciais ao Banco Central, denominado Reservas ou Depósitos Compulsórios;

- lançamento ou resgate de títulos públicos no mercado;
- modificação da taxa de juros das operações interbancárias que serve de balizamento para as demais taxas de juros praticadas na economia – taxa de juros Selic; e
- redesconto, empréstimos do Banco Central aos bancos comerciais e caixas econômicas, na modalidade de compra, com compromissos de revenda, de títulos, créditos e direitos creditórios.

5.4 **Agregados monetários**

Para o bom funcionamento do sistema econômico é preciso que haja, por parte da autoridade monetária – no caso o Banco Central do Brasil –, um controle do montante total de moeda em circulação, denominado "oferta primária de moeda", ou BASE MONETÁRIA.

Base Monetária (BM)

Compreende o total de papel-moeda emitido mais as reservas bancárias (voluntárias e compulsórias) dos bancos comerciais depositados no Banco Central. A base monetária constitui a principal variável de acompanhamento da política monetária.

Reservas ou Depósitos Compulsórios

No Brasil, o Conselho Monetário Nacional (CMN), com caráter normativo, e o Banco Central, com caráter executivo, têm a prerrogativa de fixar o percentual de recolhimento obrigatório (Depósito Compulsório) sobre toda movimentação diária e líquida dos bancos comerciais. Da movimentação bancária, por meio de depósitos à vista, a prazo, poupança e aplicações em fundos, um percentual é compulsoriamente recolhido dos bancos comerciais e repassado ao Banco Central, sem ou com baixa remuneração (juros).

Esse é um poderoso instrumento de política monetária, utilizado para controlar o montante e a variação do nível de moeda em circulação.

Além da base monetária existem outros AGREGADOS MONETÁRIOS que compõem os meios de pagamento do país.

Meios de Pagamento

São ativos monetários e financeiros que servem como forma de realizar pagamentos.

Os meios de pagamento são classificados por níveis de liquidez e complexidade:

- M_0 – É o montante de moeda em poder do público, sendo a forma mais líquida de realizar pagamentos, com liquidez perfeita.
- M_1 – É o montante de recursos prontamente disponíveis, efetivamente na mão das pessoas e das empresas não financeiras, mais os depósitos à vista nos bancos comerciais, ou seja, M_1= Papel-moeda em poder do público + Depósitos à vista.
- M_2 – Engloba, no M_1, as demais emissões de alta liquidez realizadas primariamente no mercado interno por instituições depositárias.

Pela sofisticação do sistema financeiro brasileiro, com sua multiplicidade de instrumentos, percebe-se que o montante de meios de pagamento disponíveis é muito maior que o montante de moeda efetivamente emitida e posta em circulação pelo Banco Central. Em função disso, a autoridade monetária também precisa ampliar o alcance de suas medidas de política monetária. Existem outras definições mais amplas de meios de pagamentos, M_3 e M_4. Essas definições adicionam ao M_2 outros ativos financeiros, como quotas dos fundos de renda fixa e as carteiras de títulos registrados no Selic (M_3), e os títulos públicos de alta liquidez (M_4).

5.5 Bancos comerciais

Quando Júlia deixa seu carro em um estacionamento, ela espera que ninguém o use, de tal maneira que a qualquer tempo o carro esteja no mesmo lugar. Com relação ao dinheiro, é diferente, pois todas as unidades monetárias físicas se equivalem, ou seja, o banco pode devolver qualquer outra unidade física de moeda, desde que o montante monetário seja o mesmo. Em outras palavras, imagine que Júlia deposite R$ 200,00 em sua conta-corrente, em quatro notas de R$ 50,00. Quando for resgatar essa quantia, ela não espera receber as suas quatro notas de R$ 50,00 de volta. Ela poderá receber, por exemplo, dez notas de R$ 20,00. Você já tinha pensado nisso?

Pela lei das probabilidades, nem todos os correntistas irão ao mesmo tempo ao banco buscar seu dinheiro de volta. Tal fato permite que os bancos apliquem o montante disponível em títulos públicos e privados de liquidez imediata. Se necessário, eles poderão transformar os títulos em dinheiro rapidamente para o correntista ou emprestá-los a terceiros. Nem todos os empréstimos que os bancos concedem possuem boa liquidez e têm retorno garantido. Por isso, eles precisam manter reservas de segurança.

Os bancos comerciais são instituições financeiras que lucram ao emprestar o dinheiro depositado pelos seus clientes. Como esse é um negócio muito lucrativo, os bancos estão cada vez mais oferecendo vantagens aos correntistas, como redução ou eliminação das despesas bancárias, e até mesmo remuneração para os depósitos à vista. Além disso, se o correntista resolve abrir mão da disponibilidade imediata do dinheiro, fazendo uma aplicação a prazo mais longo, como prêmio, os bancos costumam oferecer remunerações mais atrativas.

O banco, para obter lucro, aplica os recursos que lhe são confiados em um portfólio de ativos bem diversificados. De maneira muito simplificada, podemos resumir a carteira de investimentos dos bancos por ordem de liquidez em:

Dinheiro em Caixa

Os bancos precisam manter um montante de dinheiro em espécie para a realização de suas operações diárias. Com o desenvolvimento dos sistemas de gerenciamento dos recursos, o montante reservado para essa atividade está cada vez menor, pois as pessoas estão preferindo manter menos dinheiro em espécie. É mais prático e seguro andar com pouco dinheiro em espécie. Não é?

Títulos de Curto Prazo

Parte dos recursos disponíveis nos bancos é destinada às aquisições de títulos (públicos e privados) de curto prazo, que podem se transformar em dinheiro (espécie) quase imediatamente. Esses títulos oferecem rentabilidade menos atrativa, contudo possuem alta liquidez.

Empréstimos

Outra parte dos recursos bancários disponíveis é emprestada para os próprios correntistas por meio de contas de cheque especial ou de empréstimos de capital de giro, desconto de duplicatas etc.

Com o retorno proporcionado por seu portfólio, o banco remunera seus aplicadores, cobre suas despesas operacionais e, ainda, obtém bons lucros.

5.6 **Efeito multiplicador da moeda**

Como já vimos, os bancos não funcionam como uma garagem para guardar o dinheiro em espécie. Ao contrário, os bancos são o elo entre aqueles que desejam depositar e/ou aplicar suas disponibilidades financeiras e aqueles que necessitam de dinheiro, obtido por meio de empréstimos, financiamentos etc. Os bancos captam recursos a uma certa taxa de juros e emprestam a outra taxa de juros mais elevada, ficando com o *spread*.

Tomemos, por exemplo, o *SPREAD* BANCÁRIO praticado na economia brasileira. Se compararmos a taxa de juros determinada pelo Banco Central, a Selic, com a taxa de juros cobrada pelos bancos pelo uso de cheque especial, veremos que o *spread* praticado é muito elevado. Em janeiro de 2013, enquanto a taxa de juros Selic estava em 7,25% a.a., as taxas médias de juros cobradas pelos seis maiores bancos – público e privados brasileiros – pelo uso do cheque especial encontravam-se por volta de 166% a.a. em média, segundo o Banco Central. Como podemos perceber, há uma enorme distância entre os juros do tomador (pessoas físicas e jurídicas) e os juros do emprestador (bancos).

Na verdade, os bancos, ao emprestar os recursos que ficaram "estacionados", têm a capacidade de criar moeda. Para tornar mais claro esse conceito, tomemos o seguinte exemplo. Quando alguém deposita R$ 100,00 em um banco, pode utilizar, a qualquer momento, esse montante (R$ 100,00) ao emitir cheques ou usar cartões de débito como meio de pagamento. No entanto, os bancos sabem que as pessoas vão deixar seu dinheiro "estacionado" lá por algum tempo. Supondo que eles criem uma reserva de 10% do montante, para as eventuais retiradas de seus correntistas, ficam disponíveis ainda R$ 90,00 para emprestar às outras pessoas e empresas que, também, não irão utilizar todos os recursos, deixando parte do dinheiro depositado nos bancos e, assim, realimentando o processo conhecido como EFEITO MULTIPLICADOR BANCÁRIO ou MONETÁRIO.

O conceito M_1 (papel-moeda em poder do público mais depósitos à vista) permite identificar o número de vezes que o mesmo montante de moeda primária circula na economia; também denominado "moeda bancária". Para tanto, basta calcular a razão entre M_1 e a base monetária. Por exemplo, no Brasil, em junho de 2014, essa razão era de 1,37 (M_1 / Base Monetária = R$ 305,3 bilhões / R$ 223,4 bilhões), ou seja, para cada R$ 1,00 ofertado pelo Banco Central, os bancos comerciais conseguiram "criar" mais R$ 0,37 de moeda. Ou seja, o multiplicador monetário é igual a R$ 1,37.

Esse efeito multiplicador é passível de variação ao longo dos meses e pode ser distinto entre países, pois cada economia adota uma estratégia diferente de política monetária, e o público tende a se comportar de maneira diferenciada com relação ao montante de que deseja dispor, em depósitos à vista, por exemplo. Ou seja, a sociedade se comporta de acordo com sua preferência pela liquidez.

Júlia aprendeu que a moeda, com suas diferentes funções, e que os bancos, como agentes intermediários, dinamizam a economia. Ficou ciente de que se não existissem nem a moeda nem os bancos, a economia não teria alcançado o atual estágio de desenvolvimento. Aprendeu também como e por que as autoridades monetárias e o governo tomam decisões que afetam suas atividades empresariais e sua vida pessoal.

Júlia agora conhece o funcionamento do sistema monetário e financeiro do país. Ela sabe que cada vez que o Copom altera as taxas básicas de juros (Selic) e a oferta de moeda, os juros de mercado também sofrem alterações, causando reflexos sobre as decisões de produção e de consumo, sobretudo nas compras a prazo e nas decisões de investimentos.

Com base nos tópicos analisados, vale lembrar que comprar a prazo no Brasil deve ser feito com cautela. É preferível comprar um pouquinho a cada mês do que utilizar a prática de parcelamentos que incluem juros. O uso do cartão de crédito como forma de pagar as transações é uma excelente opção, mas somente para pagamento integral no dia do vencimento. Nos parcelamentos com cartões de crédito também incidem elevadas taxas de juros, superiores à do cheque especial visto anteriormente. Por outro lado, compras à vista possibilitam ao consumidor barganhar descontos. No caso de uma microempresa como a de Júlia, essa é uma excelente estratégia para reduzir os custos de produção. Essa redução lhe será positiva, pois poderá diminuir os preços finais de sua mercadoria ou auferir um maior lucro operacional. Você deve sempre atentar para as taxas de juros praticadas no mercado.

Se você não tiver escolha e precisar comprar a prazo, verifique as taxas de juros que incidem sobre as compras. Compare-as entre os diferentes estabelecimentos comerciais e não se iluda pelo tamanho monetário da prestação. Ela poderá ser enganosa! O montante monetário baixo de uma prestação não significa que os juros cobrados são igualmente baixos. Ao contrário, nesses casos, os juros tendem a ser elevados. Fique atento!

Comércio internacional e taxa de câmbio

Júlia precisa conhecer o funcionamento do comércio internacional, em razão de suas pretensões de ampliar os negócios para além-fronteira, depois que uma rede de lojas na Itália ficou interessada em vender suas roupas de praia.

Ela já aprendeu muito sobre o funcionamento do mercado doméstico; agora, deseja conhecer mais sobre o funcionamento de outros mercados. Começou a pensar nas razões pelas quais alguns países conseguem ampliar o volume de comércio, enquanto outros ficam mais estagnados. Por que a abertura comercial beneficia certos países? Qual é a importância da taxa de câmbio para as transações em outros mercados? Obter respostas para essas e outras questões é o propósito deste capítulo.

6.1 Comércio internacional

A partir das vantagens naturais e das vantagens construídas por meio de eficiência produtiva (especialização), os diferentes países produzem aquilo que, comparativamente, conseguem fazer mais barato e trocam por bens e serviços que os outros produzem, igualmente, de forma mais eficiente.

É muito mais racional, do ponto de vista econômico, que os países se concentrem em produzir aquilo em que eles têm mais competência do que tentar produzir um pouco de tudo sem a mesma eficiência alocativa. Essa estratégia conduz à especialização dos países e à conquista de vantagens competitivas por meio de economias de escala e de escopo.

Os países se distinguem pelo seu nível de desenvolvimento econômico e social. Por essa distinção há os países ricos, os de renda média (que incluem o Brasil) e os pobres. Várias são as razões que explicam a diferença entre os seus níveis de renda. Dentre elas se destacam o *grau de abertura de sua economia* (participação do comércio internacional no PIB) e a *tecnologia empregada no processo produtivo*. Isso porque o uso da tecnologia define o grau de exigência no que tange à qualificação da força de trabalho.

Exemplificando, o segmento de confecção de roupas de praia e artigos correlatos de um país pode produzir mais eficientemente que outros, em termos de qualidade e preços. Nesse caso, a vantagem absoluta tem pouca importância, porque essa pode ser ajustada por meio de alterações na taxa de câmbio (assunto a ser discutido mais adiante).

O importante para as transações com o exterior é a vantagem relativa entre os países. Para entender essa questão, imagine que Júlia tenha em sua confecção duas empregadas, uma mais rápida que a outra, tanto em corte quanto em costura. Se Júlia fosse considerar apenas as vantagens absolutas, a funcionária mais produtiva estaria empregada e a outra seria demitida. No entanto, ela precisa do trabalho das duas e, para tanto, irá alocá-las naquelas tarefas que cada uma faz comparativamente melhor. Uma empregada ficará no corte e a outra, na costura. Assim, as duas juntas terminarão suas tarefas mais rapidamente. A isso se chama especialização, um dos fatores responsáveis pela vantagem comparativa entre países (empresas).

Como as tecnologias empregadas pelos países e empresas estão sendo copiadas cada vez mais rápido, provavelmente elas não constituam a melhor explicação sobre as razões da vantagem comparativa entre países. Parece mais razoável supor que as vantagens comparativas sejam mais fortemente influenciadas pelos preços relativos dos fatores de produção em cada país. Vamos explicar melhor essa questão.

Após o final da Segunda Guerra Mundial, em 1945, o comércio mundial passou a crescer de forma expressiva, sobretudo em razão da queda de inúmeras barreiras comerciais (tarifárias e não tarifárias), barateando os custos das transações internacionais. Inicia-se, assim, um processo de abertura comercial entre os países, que lhes possibilitou mais acesso e disponibilidade de matérias-primas, insumos, tecnologias e, ainda, de bens e serviços finais. A diferença relativa na disponibilidade de fatores explica, por exemplo, por que o Kuwait exporta petróleo para o Japão que, em troca, vende aparelhos eletrônicos para aquele mercado.

Retornando ao caso de nossa jovem, como explicar o fato de as mulheres italianas desejarem comprar roupas de praia fabricadas pela microempresa de Júlia? Sabemos que a economia da Itália possui um segmento de moda bem desenvolvido. Será que esse segmento não possui excedentes de recursos necessários para fabricar tais roupas? A resposta mais plausível a essa questão é sim, mas as consumidoras, em geral, e as italianas, em especial, gostam de novidades e de produtos exclusivos e diferenciados.

Assim, países com grande capacidade de produção (fabricação) de determinado fator ou produto podem importar itens semelhantes (mas não idênticos), a fim de atender seus consumidores. Esse tipo de transação denomina-se COMÉRCIO INTRAINDÚSTRIA, proporcionando variedade de mercadorias sem ferir o princípio de economia de escala e de escopo.

O comércio intraindústria, apesar de proporcionar vantagens para os países, não garante que os ganhos obtidos com essa prática sejam igualmente distribuídos entre todos os integrantes. No mundo em que vivemos, uns ganham mais, outros menos. Nenhum país entra para perder, porém, os ganhadores não costumam compensar os perdedores. O jogo do comércio internacional é altamente competitivo e não admite amadores.

Caso Júlia consiga vender suas roupas de praia para a rede de lojas italiana, ela irá desempregar mão de obra local. A quem o governo italiano deve atender? Deve proteger o emprego de suas costureiras locais ou deve atender aos desejos de seus consumidores, que querem produtos melhores e mais baratos? A resposta parece ser atender a um número maior de pessoas (eleitores) em seu país.

Para resolver esse e outros problemas semelhantes, os governos dos diferentes países adotam estratégias de POLÍTICA COMERCIAL que se caracterizam não só pela imposição (ou não) de barreiras tributárias, mas também por medidas restritivas a certas importações. Os países podem também conceder alguns subsídios ou incentivos fiscais e creditícios às transações de exportação e importação.

Os governos podem também adotar ações "disfarçadas" para proteger os empregos localmente, como construir condições diferenciadas que beneficiem determinadas indústrias, criar barreiras burocráticas que dificultem importações ou oferecer crédito mais barato para tornar as empresas locais mais competitivas. Tais medidas estão sujeitas a contestações, sendo a Organização Mundial do Comércio (OMC) o fórum internacional para a discussão de questões relativas aos custos e benefícios do comércio. Os países em desenvolvimento, por exemplo, quando se sentem prejudicados, contestam a prática de concessão de subsídios, quer junto à OMC, quer em encontros de líderes mundiais. Em 2005, a OMC julgou favorável o pedido do governo brasileiro de eliminar os subsídios aos plantadores de algodão dos Estados Unidos.

Uma corrente de estudiosos alega que a economia mundial está organizada de maneira a "explorar" os países mais pobres e, assim, perpetuar as desigualdades entre a humanidade. Na verdade, a competição externa é muito acirrada, e cabe a cada país, de maneira isolada, ou em formação de blocos econômicos, lutar pelos seus interesses e pelo cumprimento das normas e regras estabelecidas para o comércio internacional.

Nos últimos anos, os indicadores de mortalidade infantil, renda *per capita*, expectativa de vida e índice de alfabetização têm melhorado nos países em desenvolvimento. No entanto, o diferencial existente entre os países desenvolvidos e os mais pobres continua elevado. A causa da desigualdade deve ser atribuída à GLOBALIZAÇÃO? A resposta mais plausível é não.

Existem muitas explicações sobre as causas do problema da desigualdade entre países ricos e pobres. A seguir, apresentaremos algumas discussões a respeito.

Economia de escala e alta produtividade

Os países ricos possuem mercados grandes, uma população de excelente nível de escolaridade e infraestrutura (rodovias, meios de comunicação, portos etc.) de alta qualidade, o que facilita a conquista de economias de escala e de escopo, além de contarem com alta produtividade do trabalho e de outros fatores de produção. Os países pobres, por sua vez, não dispõem das mesmas condições.

Controle da natalidade

Os países em desenvolvimento não conseguem gerar empregos na mesma velocidade do crescimento de sua população. Nos países pobres, é comum as pessoas terem muitos filhos como garantia de sobrevivência na velhice. Nos países ricos, o controle da natalidade é feito naturalmente pela população, que é mais esclarecida. Cada vez que o nível de atividade econômica (PIB) cresce menos que a taxa líquida de natalidade da população, a renda *per capita* cai, ou seja, a população como um todo acaba ficando, em média, mais pobre. Tal fato ocorreu no Brasil ao longo da década de 1990. Naqueles anos, a taxa real de variação do PIB ficou em 1,7%, enquanto a população brasileira cresceu a uma taxa média de 2,5%, segundo o IBGE. Você já tinha pensado nisso?

Escassez de capital

Os países desenvolvidos conseguiram acumular grandes estoques de capital físico e obtêm recursos financeiros a baixo custo, necessários para financiar a melhoria da produtividade. Os países mais pobres têm baixa taxa de poupança interna e encontram dificuldades em capital. Quando conseguem captar, seus custos são mais altos, em razão do RISCO-PAÍS.

Recursos humanos

A baixa produtividade dos países em desenvolvimento não permite a acumulação de excedentes necessários para financiar os investimentos em educação, saúde, treinamento e capacitação profissional de seus trabalhadores, com vistas a ganhos de produtividade.

Conflitos políticos, étnicos e religiosos

A maioria dos países pobres está situada em regiões que sofrem com constantes conflitos, muitas vezes, heranças de antigas fronteiras coloniais, que agruparam em um mesmo país antigas tribos ou etnias inimigas. Tais conflitos drenam grande parte dos recursos disponíveis e desarticulam o funcionamento da economia. Os países desenvolvidos, a exemplo da comunidade europeia, têm buscado a união e a eliminação de barreiras fronteiriças, aumentando as possibilidades de produção em economias de escala e de escopo.

6.2 **Fluxos externos: de bens, serviços e capitais financeiros**

Um país se relaciona com outros países de muitas maneiras: diplomaticamente, em transações de mercadorias e de serviços, por movimentos espontâneos de renda ou, ainda, por meio de transações financeiras de curto, médio e longo prazos. Toda relação que envolver transações de negócios, que gerem compromissos de remessas e recebimentos em montantes monetários, deve ter registro contábil. No Brasil, o Banco Central é a instituição responsável pelos registros das transações do país com o restante do mundo (BALANÇO DE PAGAMENTOS) e por sua divulgação mensal.

As contas do Balanço de Pagamentos reúnem todos os tipos de transações, cada uma com suas características próprias e graus de importância. O Balanço de Pagamentos contempla duas grandes contas:

Transações correntes

As transações correntes envolvem o comércio (importação e exportação) de bens e serviços e fluxos de renda. Nessa conta estão incluídos remessas líquidas de juros, lucros e dividendos, despesas líquidas com transportes, fretes e seguros, gastos dos turistas e, ainda, as remessas de rendas realizadas por brasileiros residentes no exterior e estrangeiros residentes no país.

O resultado positivo ou negativo da conta de transações correntes resulta de vários fatores. As exportações de bens e serviços dependem do crescimento econômico dos países compradores e, por conseguinte, do nível de renda da população daqueles países. Já as importações de bens e serviços derivam do crescimento econômico, do grau de nacionalização de nossos produtos e, ainda, do nível de renda dos brasileiros. Além desses fatores, o comércio de bens e serviços depende fundamentalmente da taxa real de câmbio (taxa nominal de câmbio, descontado o efeito da inflação), que determina o nível de preços das transações externas de bens e serviços (assunto a ser discutido logo a seguir).

Conta de capital e financeira

A conta de capital e financeira registra as transferências de capital relacionadas com o patrimônio de emigrantes e imigrantes e a aquisição/alienação de bens não financeiros não produzidos, tais como a cessão de patentes e marcas. Já a conta financeira registra os fluxos decorrentes das transações com ativos e passivos financeiros entre residentes e não residentes, sendo subdividida em quatro grupos: (a) investimento direto; (b) investimentos em carteira; (c) derivativos; e (d) outros investimentos.

O resultado dessa conta depende de vários fatores. A decisão por parte dos investidores em realizar negócios no Brasil depende, entre outros, do tamanho do nosso mercado consumidor, da legislação existente e do ambiente político e social. Em última instância, a decisão de investir envolve a análise de custos e benefícios, ou seja, risco *versus* retorno do capital. Taxas internas e externas de juros e volatilidade da taxa nominal de câmbio são considerações fortes nas decisões de investir ou não em determinados países.

Os saldos finais do balanço de pagamentos causam impactos (positivos ou negativos) sobre o montante de reservas internacionais, que constituem o ativo de um país, com o mercado financeiro internacional. As reservas internacionais são constituídas basicamente de moedas cambiais, ouro, depósitos bancários, Direitos Especiais de Saques (DES) com o Fundo Monetário Internacional e títulos públicos de países desenvolvidos.

6.3 Taxa cambial: preço das transações com o exterior

Toda e qualquer relação do país com o resto do mundo envolve pagamentos e recebimentos, e reflete, na verdade, a forma como funciona o mercado de divisas estrangeiras (moeda). O funcionamento desse mercado se dá por meio da política cambial, que trata de um conjunto de ações, normas e procedimentos do Banco Central destinado a manter o funcionamento da economia por meio das alterações das taxas de câmbio e do controle das operações cambiais. A taxa nominal de câmbio é o preço dessas transações e constitui a taxa pela qual se trocam unidades monetárias de uma moeda, no caso o real (R$), por unidades monetárias de outra, como o dólar norte-americano (US$). Já a taxa real de câmbio é a taxa pela qual podemos trocar os bens e serviços de um país pelos bens e serviços de outro. Portanto, a taxa real leva em conta a variação dos preços dos países envolvidos, no caso a do Brasil e a dos Estados Unidos.

A taxa de câmbio mais conhecida da população brasileira é a relação entre o real e o dólar norte-americano. Exemplo: R$ / US$ = 1,80, significando que precisamos de R$ 1,80 para comprar US$ 1.

Fica fácil entender que a flutuação da taxa de câmbio favorece, ou não, as relações com o exterior. Vamos imaginar que Júlia necessite comprar uma máquina de costura de tecnologia avançada e que o valor monetário dessa máquina seja US$ 100 mil. Júlia precisará desembolsar R$ 180 mil.

Agora imagine que, no ato do pagamento, a taxa de câmbio se desvalorize (mais reais para comprar os mesmos dólares), passando para R$ 2,00 / US$ 1. Nesse caso, Júlia terá de desembolsar R$ 200 mil, um acréscimo em reais no valor final da máquina importada de R$ 20 mil.

Se, pelo lado das importações, a desvalorização da moeda local encarece o preço final, pelo lado das exportações a desvalorização deixa os exportadores satisfeitos. Imagine que ela vendeu roupas no mesmo montante, US$ 100 mil. Ela irá receber a mais R$ 20 mil, não é mesmo?

Resumindo, quando a taxa de câmbio se desvaloriza (sobe), de R$ / US$ = 1,80 para R$ / US$ = 2,00, os exportadores, os investidores e os credores em geral ficam muito satisfeitos, pois receberão mais reais. Já os importadores e os devedores ficam muito preocupados, pois terão que despender mais reais para quitar seus compromissos externos.

Contudo, quando a taxa de câmbio se valoriza (desce), de R$ / US$ = 1,80 para R$ / US$ = 1,70, os exportadores, investidores e credores ficam muito preocupados porque receberão menos reais, e os importadores ficam felizes porque gastarão menos reais.

Exemplo 1

Imagine que Júlia conseguiu vender para o mercado externo 220 peças de roupas de praia no valor unitário de US$ 35,00. Se a taxa de câmbio for igual a R$ / US$ = 2,00, a receita da venda será de US$ 7.700,00. Em reais, a receita será de R$ 15.400,00, ou seja (US$ 7.700 x R$ 2,00 = R$ 15.400,00).

Exemplo 2

Agora imagine que no momento em que Júlia foi trocar os seus US$ 7.700,00 por reais, a taxa de câmbio sofreu uma desvalorização de 2%. Júlia ficaria feliz?

A taxa de câmbio estava em R$ / US$ = 2,00. Adicionando-se o aumento de 2%, R$ 2,00 x 0,02 (2%) = R$ 0,04, resulta uma nova taxa de câmbio de R$ / US$ = 2,04.

Logo, os US$ 7.700, 00 x R$ 2,04 = R$ 15.708,00. Júlia terá um ganho extra de R$ 508,00. Foi ótimo para Júlia, não é mesmo?

Exemplo 3

Se a taxa de câmbio nominal em certo período está em R$ / US$ 1,90 e passou para R$ / US$ = 2,10, houve desvalorização nominal de 10,52%, donde [{(2,10 / 1,90) – 1} x 100] = 10,52%.

Ao se admitir que a inflação acumulada no Brasil no mesmo período foi de 4,5% e nos Estados Unidos de 1,74%, qual é a taxa de câmbio real?

Ao aplicar na fórmula, tem-se a taxa real de câmbio: R$ / US$ 2,10 / (1,045 / 1,0174) = R$ / US$ = 2,04 (qualquer taxa acima de 2,04).

Logo, a taxa de 2,10 está desvalorizada em termos reais em 2,94% em relação à taxa cambial de 2,04. Donde [{(2,10 / 2,04) – 1} x 100] = 2,94%.

Como podemos constatar, as transações com o exterior envolvem riscos para os investidores, credores, importadores, exportadores, uma vez que as receitas e despesas dependerão diretamente do valor da taxa de câmbio. Logo, o câmbio é um dos fatores importantes nas relações do país com o resto do mundo, sobretudo a taxa real de câmbio, que determinará os efetivos ganhos das vendas no exterior.

A questão agora é entender as razões que levam a taxa de câmbio a flutuar. Inicialmente, devemos compreendê-la como um preço como outro qualquer, tal como o da banana, da gasolina etc. Portanto, como todo preço de mercado, a taxa nominal de câmbio é determinada pelos ofertantes e demandantes de divisas estrangeiras.

No mercado de câmbio há grupos que possuem moeda estrangeira e há outros que desejam comprá-la. No grupo dos detentores de moeda estrangeira estão os exportadores, que vendem seus produtos no mercado externo e recebem os pagamentos em outras moedas; os turistas estrangeiros, que trazem moedas fortes e desejam trocar por reais; e os investidores, que trazem moedas estrangeiras e irão trocar por reais para investir no mercado produtivo ou aplicar no mercado financeiro. Esse grupo deseja transacionar quando a taxa de câmbio estiver bem alta (desvalorizada), ou seja, a moeda nacional estiver desvalorizada em relação à moeda estrangeira, por exemplo, R$ / US$ = 2,40, pois receberão mais reais no momento das transações. Você está lembrando?

No grupo dos demandantes de moeda estrangeira estão os importadores, que compram as mercadorias do exterior e terão que pagar em moeda forte; os turistas brasileiros, que trocarão a moeda nacional pela estrangeira, a fim de gastarem em suas viagens no exterior; e os grupos dos devedores (governo, empresas e pessoas físicas) de dívidas contraídas no exterior. Esse grupo deseja quitar seus compromissos quando a moeda nacional estiver forte (valorizada) em relação à moeda estrangeira. Por exemplo, R$ / US$ = 1,70, pois desembolsarão menos reais no momento da transação.

Uma outra questão importante para a compreensão da taxa de câmbio leva em conta o regime cambial adotado pelos países, ou seja, as normas internas que regem o câmbio. As normas para taxa de câmbio podem ser:

a) **Fixa** – A taxa é determinada pelo Banco Central, com valor inalterado acompanhando normalmente a paridade cambial de 1 unidade de moeda local para 1 unidade de moeda estrangeira. Esse foi o caso da Argentina, cujo governo de Carlos Menem decretou a conversibilidade da taxa de câmbio, na qual 1 Peso Argentino (Austral) equivalia a US$ 1, adotada do final de 1991 até o início de 2002. Nesse caso, se o mercado sofrer uma pressão, quer pelo lado da oferta, quer pelo lado da demanda, o Banco Central deverá atuar, ora como agente comprador, ora como vendedor, a fim de manter inalterada a cotação da moeda local em relação à estrangeira.

b) Flutuante – O valor da taxa sofre oscilações para cima (desvalorização) e para baixo (valorização) da moeda nacional em relação à moeda estrangeira. A taxa de câmbio flutuante pode ser:

- **livre** – Determinada livremente pelas forças de mercado, entre os demandantes e ofertantes de moedas estrangeiras no mercado local; e
- **administrada** – Determinada pelo Banco Central, que induz a taxa a um nível por ele estabelecido. A intervenção do Banco Central pode se dar de várias maneiras. Um exemplo bem conhecido da população brasileira foi a adoção do Sistema de Bandas Cambiais, no período após 1994 até janeiro de 1999. Por esse sistema, quando ocorria alguma pressão para a oscilação da taxa fora dos limites preestabelecidos, o Banco Central atuava no mercado de câmbio como comprador ou vendedor de moedas estrangeiras (dólares norte-americanos), utilizando, para tanto, nossas reservas internacionais.

Júlia agora sabe que qualquer decisão que ela tomar em relação ao exterior, seja realizando negócios (compra e venda), seja fazendo turismo (lazer), terá reflexo sobre as contas externas do país. O balanço de pagamentos registra as relações com o exterior, entre os residentes e não residentes. A *performance* de tais contas reflete e é refletida pela taxa de câmbio, cujo valor nominal influencia ganhos e perdas nas transações além-fronteiras. Enfim, vivemos em um grande mercado global, no qual as decisões de uns afetam as decisões e os resultados de outros.

Júlia aprendeu, neste capítulo, como funciona o comércio internacional. Agora ela terá mais elementos para realizar suas operações de exportação com maior segurança. Júlia teve oportunidade de conhecer não só as razões que levam à flutuação das taxas de câmbio, mas também as diferentes políticas cambiais adotadas pelos países. Ficou ciente também da maneira como as ações de política comercial afetam os negócios das empresas e as decisões individuais das pessoas.

Capítulo 7

Desenvolvimento e globalização

Júlia tem muita curiosidade a respeito do fenômeno da GLOBALIZAÇÃO. Tem observado a crescente inter-relação entre as economias mundiais. No entanto, a maior aproximação entre os países não tem trazido resultados iguais para todos os envolvidos. Alguns países têm conseguido crescer aceleradamente, enquanto outros continuam na condição de subdesenvolvidos. Para entender essas diferenças, é preciso estudar as relações de troca e os modelos de desenvolvimento econômico seguidos por diferentes países. Discutir esses temas é o assunto deste capítulo.

7.1 **Relações internacionais de troca**

As relações internacionais de troca decorrem da existência de *vantagens comparativas* que podem ser obtidas sempre que um dos países envolvidos tenha maior disponibilidade relativa de determinado recurso de produção. É sabido que nos países onde a terra agricultável é abundante, seus governos priorizam estratégias de inserção do país na economia mundial, por meio de exportação de produtos primários. Esse é um assunto bem conhecido por Júlia, que desde pequena sabe que o Brasil é um país com vocação para as atividades ligadas aos setores agropecuário e extrativo mineral.

7.2 **Deterioração das relações internacionais de troca**

Com exceção do petróleo, que tem seu preço parcialmente controlado por um CARTEL formado pelos países exportadores de petróleo (Opep), os preços internacionais das *commodities* (mercadorias padronizadas com preços cotados no mercado internacional, tais como produtos agrícolas e minérios) sofrem oscilações que normalmente tendem à deterioração das relações de troca dos países produtores. Em outras palavras, países exportadores de *commodities* necessitam vender ao exterior maiores quantidades de mercadorias para obter as mesmas quantidades de produtos ofertados pelos países desenvolvidos, os quais possuem maior conteúdo tecnológico e, portanto, de preço mais elevado.

A dificuldade nas relações de troca se refere à volatilidade dos preços das *commodities*. As receitas de exportações dos países em desenvolvimento, que têm muitas vezes uma pauta de exportação restrita e fortemente dependente de um ou de poucos produtos, tendem a ficar seriamente comprometidas caso haja redução brusca dos preços internacionais.

As causas da deterioração das relações de troca são múltiplas, sendo as mais frequentes:

a) baixos ganhos de produtividade, sobretudo no setor primário dos países menos favorecidos;

b) surgimento de inovações tecnológicas, o que gera bens mais baratos, por exemplo, os de fibras e borrachas sintéticas;
c) subsídios concedidos pelos países ricos aos seus produtores domésticos;
d) fixação de cotas de importação a determinados países ou produtos; e
e) imposição de sobretaxas de importação e de barreiras fitossanitárias aos países menos desenvolvidos, sobretudo pelos mais ricos.

Provavelmente, uma redução de barreiras às importações de produtos agrícolas pelos países ricos não só proporcionaria melhores condições de vida à população mais pobre, mas também tenderia a diminuir o preço relativo dos alimentos disponíveis, mesmo para os consumidores dos mercados mais abastados, em razão da maior concorrência do preço internacional. Em outras palavras, os países ricos, ao realizarem maiores compras originárias dos países pobres, podem ajudá-los.

7.3 **Estratégias históricas de desenvolvimento**

O processo mundial de industrialização teve seu início marcado pela Revolução Industrial inglesa nos idos do século XVIII. De lá para cá, cada país, em seu devido tempo, adotou estratégias diferenciadas de desenvolvimento econômico. Para a maioria deles, o processo de desenvolvimento econômico-industrial foi impulsionado pelas crises de origem interna ou externa no setor primário. Esse foi o caso da economia brasileira, no início dos anos 1930. As estratégias individuais foram bastante comuns entre os países, causando forte impacto sobre as transações comerciais em escala mundial. Vejamos alguns exemplos.

Substituição de importações

A quebra (*crack*) da Bolsa de Valores de Nova York mergulhou o comércio mundial em uma profunda crise, em 1929. O Brasil, à época, fortemente dependente das receitas externas de café, como outros países em desenvolvimento, registrou forte queda em suas receitas de exportação.

Como consequência, os países em desenvolvimento adotaram estratégias que os tornassem menos dependentes dos mercados das economias mais desenvolvidas. Por meio da política de substituição das importações, a maioria dos países ignorou as vantagens comparativas e passou a produzir localmente o que outrora importava. Várias barreiras, tarifas e cotas de importação foram criadas com o objetivo de dar proteção à indústria nascente.

O fechamento dos países ao comércio mundial incentivou a consolidação da industrialização local, mesmo com desvantagens comparativas em relação a outros países. A questão principal dessa estratégia residiu nos limites do modelo econômico. A indústria nacional sem competição tornou-se ineficiente, sobrevivendo "em estufas". Também no caso brasileiro, em que a proteção generalizada e por um longo período de tempo resultou em ineficiência produtiva e baixa produtividade. Sem competição, as empresas locais tinham facilidade em repassar para os preços finais os seus elevados custos de produção. Como resultado, o Brasil conviveu, por longas décadas, com altas taxas de inflação e, em muitos setores, com atraso tecnológico em relação às principais economias mundiais. Júlia já sabe que a inflação traz sérios prejuízos para as pessoas. Você se lembra desse assunto, desenvolvido no Capítulo 4?

Crescimento voltado para as exportações

O objetivo da política de substituição de importações era não só conduzir os países em desenvolvimento à autossuficiência interna, mas também capacitá-los a se tornarem, no futuro, exportadores de bens manufaturados, tecnologicamente mais avançados. O processo de industrialização não ocorreu de forma linear entre os países. Alguns deles, como China, Coreia do Sul, Malásia, Indonésia, Cingapura e Tailândia, orientaram suas economias para o aproveitamento, em um primeiro momento, das vantagens comparativas de sua mão de obra mais barata para produção manufatureira de baixo conteúdo tecnológico. A estratégia vem dando certo e, nos últimos trinta anos, esses países vêm tendo excelentes resultados econômicos e sociais.

A economia brasileira voltou-se mais tardiamente para o mercado externo. Após os anos 1990, o processo de privatização das empresas estatais e o movimento de fusão e aquisição resultaram em maior presença de transnacionais no mercado doméstico. A internacionalização da economia brasileira, associada às estratégias de se voltar para fora das empresas nacionais, permitiu maior inserção do País no comércio internacional. Desde 1996, o percentual das exportações de bens em relação ao PIB vem aumentando, passando de 7,48%, em 2004, para 9,66%, em 2009.

Endividamento

Os países ricos dispõem de maiores disponibilidades de capital financeiro e, por isso, costumam criar facilidades para que os menos favorecidos utilizem esses capitais como forma de financiamento do desenvolvimento econômico e social. Quando os recursos externos são destinados ao desenvolvimento ou à aquisição dos setores de bens de capital e intermediários, isso induz necessariamente à aceleração do crescimento, gerando benefícios para o país. No entanto, se os capitais internacionais forem dirigidos basicamente ao consumo, ou para os "desvios" (corrupção) existentes em muitos desses países, o resultado é desastroso, já que irá combinar elevado endividamento externo com baixo crescimento. Sabemos que, nesse caso, os prejuízos recaem mais sobre a população.

Normalmente, os empréstimos e financiamentos internacionais destinados aos países em desenvolvimento são negociados com taxas de juros que imbutem coeficiente de risco (risco-país), o que onera sobremaneira os custos financeiros do capital estrangeiro. Tais fatores negativos, isoladamente ou em conjunto, têm levado muitos países em desenvolvimento a uma situação de insolvência financeira.

O perdão da dívida

Muitos dos países em desenvolvimento apresentam elevados endividamentos externos em relação ao nível de suas atividades econômicas. É a denominada relação Dívida Externa/PIB, um dos indicadores que medem o chamado risco-país. Para amenizar esse problema, existem campanhas de caráter mundial em prol do perdão das dívidas dos países mais pobres.

O Brasil é solidário a essa ideia, tendo perdoado a dívida de alguns países em dificuldade. No entanto, a generalização dessa prática pode ocasionar vários problemas. O perdão de dívidas pode criar um precedente perigoso no cenário financeiro internacional, incentivando alguns países a contrair empréstimos já pensando em não os pagar. Um outro aspecto da questão diz respeito ao fato de muitos empréstimos serem contraídos com as instituições privadas internacionais. Nesse caso, o perdão da dívida por parte dos países ricos apenas transferiria a responsabilidade do pagamento para os governos dos países ricos. Essa seria a melhor opção de negócios para os credores privados internacionais. Seus empréstimos e financiamentos com altos juros, para compensar o risco mais elevado, seriam automaticamente transformados em títulos de governos de países desenvolvidos. Esse processo conjugaria elevada rentabilidade e baixo risco. Nada mais tentador, você não acha?

A ajuda econômica e o perdão da dívida dos países em desenvolvimento podem ser uma importante alavanca para o crescimento, mas precisam ser feitos de maneira criteriosa e em casos muito especiais, afinal, de que adianta perdoar a dívida se os problemas estruturais que geraram a má utilização dos recursos não forem eliminados? A comunidade internacional vem tomando Iniciativas para o Abatimento Multilateral de Dívidas (MDRI, sigla em inglês), que cancelarão 100% das dívidas de Países Pobres Extremamente Endividados (HIPC, sigla em inglês) com o FMI, Banco Mundial e Banco de Desenvolvimento Africano.

Em 2006, 19 países, quase todos da África (13 deles), da América Latina (4 deles) e da Ásia (2 deles), tiveram um total de US$ 40 bilhões perdoados.

7.4 Globalização

A facilidade de comunicação, o barateamento dos meios de transporte e o crescente incentivo ao comércio e aos fluxos financeiros internacionais têm fortalecido o processo de integração entre os países, em direção à globalização dos mercados.

A intensificação das transações mundiais e o aumento do grau de interdependência entre as economias têm trazido inúmeras consequências para as economias locais. Tais consequências podem ser analisadas pelo menos em três aspectos: institucionais, micro e macroeconômicos. No que tange aos aspectos institucionais, o poder econômico das grandes corporações transnacionais sobrepõe-se, muitas vezes, aos interesses dos governos locais.

No que se refere aos aspectos microeconômicos, esses estão ligados ao processo de organização da produção, da distribuição e da comercialização, com reflexos sobre os custos e a competitividade das empresas nos mercados nacionais e externos. Com relação aos aspectos macroeconômicos, a interdependência das economias gera impactos sobre o movimento das taxas de câmbio e dos juros domésticos, influenciando o nível geral de preços (inflação), o emprego e a renda nacional.

A experiência europeia tem demonstrado que os interesses dos blocos econômicos estão se tornando mais fortes do que os interesses individuais de cada país-membro. Por exemplo, um país isolado não deve tomar medidas protecionistas unilaterais. Além disso, as grandes transnacionais buscam bases de produção em qualquer mercado internacional, desde que esse lhes garanta vantagens comparativas. Caso haja alguma intervenção indesejada por parte de governos locais, as megaempresas alteram suas estratégias de negócio em direção a outros países. O caso mais emblemático ocorreu recentemente, com as transnacionais de origem norte-americana, que se transferiram do mercado mexicano para o chinês.

É preciso ressaltar que globalização não é um fenômeno novo. Ao contrário, é um fenômeno que teve seus passos iniciais nos antigos navegadores (descobridores), que foram em busca de novos mercados como ampliação de suas atividades comerciais. A busca por um novo caminho para as Índias trouxe para o lado de cá as caravelas de Pedro Álvares Cabral. Podemos dizer que a história do Brasil e a globalização estão estreitamente associadas, você não acha?

As queixas contra a globalização não estão centradas no baixo desenvolvimento absoluto dos países pobres, mas no aumento das diferenças relativas entre países pobres e ricos. A ampliação das comunicações e a universalização do acesso aos meios de comunicação geraram melhora na percepção do mundo por parte de populações até então alienadas. As pessoas estão tomando consciência da existência não só de diferenças sociais, mas também de produtos até então desconhecidos, que passaram a ser desejados em todos os cantos do mundo, quer as pessoas tenham condições de comprá-los, quer não.

Sempre existiram pobres ao redor do mundo, mas agora eles assistem à televisão e estão conscientes de sua situação social e insatisfeitos com isso. É justo que eles lutem por melhores condições de vida, mas convém lembrar que, ao longo da história, sempre houve ganhadores e perdedores; portanto, espera-se que as lições do passado ajudem a minimizar esses problemas no futuro e que os efeitos positivos da globalização se difundam para todos os países.

Críticos do fenômeno da globalização alegam que as grandes empresas transnacionais estimulam a competição perversa entre os países em desenvolvimento, uma vez que elas optam por aqueles países que oferecem menores custos de produção (menores salários e tributação). Isso não é de todo verdade, pois as megaempresas também necessitam de trabalhadores qualificados e mais produtivos, além de demandarem eficientes infraestruturas logísticas (estradas, portos etc.), sistema de comunicação e estabilidade política, econômica e social. Se a pobreza fosse o único critério de escolha para a localização das empresas transnacionais, provavelmente muitos países da América Central e da África seriam excelentes plataformas de exportação dos países líderes mundiais, o que não acontece. É preciso ressaltar que as empresas, exportadoras ou não, necessitam de ambientes macroeconômicos propícios à realização de seus negócios. Isso não é prerrogativa de empresas estrangeiras, uma vez que a competição ocorre nos mercados locais, você não concorda?

Além disso, a concorrência entre países funciona como um filtro contra a corrupção dos governos nacionais. Países com custos elevados têm dificuldades para atrair investimentos produtivos estrangeiros. Dessa maneira, países com níveis baixos de corrupção, com boa governança e instituições democráticas consolidadas, levam vantagem na alocação dos investimentos produtivos internacionais.

7.5 **Crise mundial de 2008**

Em 2008, os Estados Unidos entraram em uma recessão que veio acompanhada por uma forte queda nos preços dos imóveis e pela rápida e intensa contração na oferta de crédito. Devido à globalização e à importância da economia norte-americana no cenário mundial, a crise se espalhou, atingindo os demais países em diferentes graus. Entretanto, para compreender a crise atual é preciso examinar também outros eventos que ocorreram no mundo, principalmente a partir dos anos 1980, e que de alguma maneira criaram as condições para que ela se instalasse.

A forte expansão econômica do início dos anos 1980, especialmente no Sudeste Asiático, gerou excedentes de capital, que foram, em grande parte, canalizados para o "porto seguro" do mundo: os Estados Unidos.

Desde os anos 1990, os Estados Unidos operam em um gigantesco déficit comercial, que vem sendo contrabalançado por esse influxo de recursos financeiros.

Durante os anos 1980-1990, o nível de desregulamentação do sistema financeiro americano só fez crescer, com a desculpa de facilitar a gestão desse enorme montante de recursos.

Entre 1994 e 2006, o preço médio de um imóvel residencial nos Estados Unidos aumentou quase 200%, o que é inacreditável, para uma economia madura. Tudo aconteceu porque as pessoas, mesmo sem ter a capacidade de pagamento (clientes *subprime*), obtiam financiamentos hipotecários a baixo custo, na expectativa de poder revender o imóvel, a curto prazo, com lucro.

Com a introdução dos derivativos (contratos cujo valor deriva de outros ativos), foram criados "pacotes" com milhares de hipotecas individuais, em que o risco de *default* individual "sumia" e passava a prevalecer o risco do "pacote" como um todo. Sabendo que conseguiriam passar adiante o risco dos financiamentos, os bancos afrouxaram ainda mais a liberação de crédito. Com o excesso de liquidez, não era difícil encontrar interessados nesses "pacotes". A realimentação do processo levou à criação de uma "bolha nos preços".

A partir de 2006, houve um declínio da confiança dos estrangeiros na economia americana, o que resultou no aumento da taxa de juros das hipotecas e na queda dos preços dos imóveis. O crédito minguou; os preços dos imóveis caíram. O valor da dívida ficou maior que o preço de mercado do imóvel. Muitos compradores simplesmente pararam de pagar e devolveram o imóvel.

Somente no final de 2007, os Estados Unidos introduziram a exigência da contabilização dos ativos financeiros por "marcação a mercado". Ao trazer os preços dos ativos para seu valor de mercado, o problema ficou evidente. Com a marcação a mercado dos derivativos que compunham a base da alavancagem operacional dos bancos (quanto eles podem emprestar com base em seus recursos), em setembro de 2008, os créditos secaram abruptamente. A crise se espalhou para os outros setores da economia e para o mundo imediatamente. O consumo e o investimento caíram, gerando desemprego, o que, por sua vez, só fez agravar ainda mais a crise.

O governo dos Estados Unidos injetou recursos financeiros para normalizar o crédito e decidiu assumir os "ativos podres" para sanear as instituições financeiras. O custo no longo prazo das ações de salvamento e sua eficácia trouxeram questionamentos políticos e econômicos, no intuito da criação de precedentes, uma vez que esse salvamento poderá instituir a crença de que, no futuro, os administradores ou empresários não precisarão se preocupar em gerir bem seus negócios porque, em situação adversa, mesmo por culpa de sua gestão, as empresas e/ou instituições poderão receber ajuda financeira governamental. Essa é uma questão que somente poderá ser mais bem avaliada em um prazo mais distante.

7.6 A crise europeia

A União Europeia, em 1999, instituiu o euro para servir de moeda única entre os estados-membros da Comunidade.[3] Todavia, para aderir à nova moeda, além da vontade política, cada estado-membro teria de cumprir certos "critérios de convergência" estabelecidos em 1992 pelo Tratado de Maastricht, os quais envolviam basicamente quatro requisitos, a saber: déficit orçamentário, inflação, juros e outras exigências monetárias.[4] Assim, os atuais 17 países que usam o euro como moeda oficial constituem os integrantes da chamada Eurozone (Zona do Euro).

O Banco Central do Estados Unidos (Federal Reserve System - FED, sigla em inglês que significa Sistema de Reserva Federal), para continuar combatendo a crise econômica, decidiu aumentar substancialmente a liquidez monetária que, ao mesmo tempo em que desvalorizou sua moeda, o dólar norte-americano, trouxe por decorrência fortes valorizações das moedas ao redor do mundo.

Com a valorização do euro, os problemas de coordenação econômica da região e a perda de competitividade dos países da Zona do Euro tornaram-se mais evidentes. Diante disso, alguns desses países foram perdendo ou relaxando o controle sob suas finanças públicas, a fim de manter suas economias em crescimento e não deixar que as dificuldades econômicas afetassem suas credibilidades políticas.

---

3. Os países da Comunidade Europeia pertencentes à Zona do Euro são: Áustria, Alemanha, Bélgica, Chipre, Eslováquia, Eslovênia, Espanha, Estônia, Finlândia, França, Grécia, Holanda, Irlanda, Itália, Luxemburgo, Malta e Portugal. Os países da Comunidade Europeia com moeda indexada ao euro são Bulgária, Dinamarca, Letônia e Lituânia.

---

4. Os requisitos básicos foram: (a) a dívida pública deve ser inferior a 60% do PIB (ou caminhar nesse sentido) e o déficit orçamentário (fiscal), inferior a 3% do PIB; (b) a inflação deve ser inferior a um valor de referência, não podendo ser superior a 1,5% do estado-membro mais bem posicionado; e (c) as taxas de juro a longo termo não podem superar mais de dois pontos percentuais em relação às taxas dos três estados-membros com melhor desempenho.

O esforço dos líderes europeus em sufocar a crise econômica financeira não foi suficiente para impedir que ela se alastrasse, sobretudo naqueles países com elevados endividamentos e capacidade duvidosa de pagamento. No caso especial, estão os países do acrônimo inglês PIIGS (Portugal, Irlanda, Itália, Grécia e Espanha).

O primeiro sinal de problemas surgiu na Grécia, que, mesmo com o desempenho positivo de sua economia nos últimos anos, não conseguiu atender à crescente necessidade de recursos monetários que resolvessem seus elevados compromissos financeiros. O governo grego, com o auxílio de banqueiros e de consultoria internacionais, passou então a manipular seus relatórios contábeis para apresentar desempenho melhor que o real e, assim, continuar financiando as baixas taxas de juros.

Em 2010, a agência de risco Standard & Poors anunciou que a Grécia, em virtude de déficit fiscal de 12,7% do PIB (montante superior em mais de quatro vezes o limite máximo estipulado pelos critérios de convergência), corria o forte risco de default, ou seja, de não honrar seus compromissos financeiros. O resultado foi a fuga dos investidores privados, o que elevou as taxas internas de juros e agravou ainda mais a frágil situação fiscal do país.

Diante de rápida deteriorização das finanças públicas e com a evidente possibilidade de a crise se espalhar para outros países do bloco, os principais dirigentes da União Europeia e o Fundo Monetário Internacional (FMI) decidiram adotar um plano de *bailout* (resgate) da Grécia, em 2010, estendendo o socorro semelhante à Irlanda e a Portugal.

O plano consistia basicamente na concessão de um elevado empréstimo e da obrigação de o país socorrido, em contrapartida, promover um austero saneamento fiscal, por meio da adoção de medidas restritivas. O corte nos benefícios sociais, como pensões e planos de saúde, além de significativa redução nos gastos correntes e nos investimentos governamentais, por um lado, e o aumento de carga tributária, por outro, geraram enormes protestos populares e dificuldades políticas para a aceitação de tais sacrifícios por parte da população.

Os países europeus, especialmente os mais afetados pela crise, tiveram de adotar os seus próprios planos de ajuste nas finanças públicas, inaugurando uma era de acentuada austeridade fiscal nos membros da Comunidade. Isso agravou o fraco desempenho de suas economias, levando-os rumo à recessão e, por decorrência, elevando sofrivelmente a taxa de desemprego, em especial entre os mais jovens.

A crise revelou a deficiência de coordenação econômica conjunta e a difícil integração fiscal dos países da Comunidade, com destaque para aqueles integrantes da Zona do Euro. Para que a crise não se repita e para que o euro se consolide como a moeda única do bloco e mundialmente forte, parece ser fundamental, entre outras medidas, criar institucionalmente um Tesouro único e adotar um orçamento fiscal consolidado entre os países. O problema é que tais decisões implicam perda de soberania dos diferentes estados nacionais, fato político difícil de ser aprovado. Em outras palavras, as medidas necessárias de saneamento econômico dos países integrantes da União Europeia esbarram na questão política interna de cada estado-membro.

Neste capítulo, Júlia tomou conhecimento não só dos modelos que os diferentes países têm adotado para se desenvolver econômica e socialmente, mas também do fenômeno da globalização, que tem gerado crescente inter-relação entre as economias de todos os países. Além disso, ela pôde obter informações sobre as razões que levam os países a se desenvolverem de forma desigual. Ou seja, os custos e benefícios da globalização, inclusive em situações de crise, são absorvidos de forma distinta entre os diferentes países.

US$
€
R$
£
¥

Conclusão

Júlia, assim como você, percebeu que a economia tem influência não só no governo ou nas empresas, mas naquilo que mais lhe interessa: sua vida pessoal e profissional. Afinal, a concretização de nossos sonhos quase sempre envolve a necessidade de recursos. Provavelmente, quanto maior o sonho, mais tempo e dinheiro você vai precisar para conseguir realizá-lo. Mesmo os sonhos que não envolvem diretamente dinheiro, em algum momento no tempo exigirão recursos financeiros para sua plena concretização.

Para alcançar a concretização de muitos de seus sonhos, os conhecimentos de economia apresentados neste livro lhe serão úteis. Com base neles você poderá identificar os movimentos da economia, prever suas consequências e tomar as medidas que irão dar mais segurança aos seus investimentos financeiros e também melhorar o resultado de seus negócios profissionais e de seus projetos pessoais.

Com o domínio da teoria econômica, os sonhos de Júlia, assim como os seus, ficam mais próximos da realização. Suas metas pessoais sofrerão menos com as incertezas, já que, com a correta compreensão do funcionamento da economia, você poderá melhorar a qualidade de suas decisões.

Se nas pequenas empresas o planejamento é deficiente, ou até inexistente, no plano pessoal ele é ainda é mais raro. Sem planejamento, você não consegue se antecipar aos problemas; e só reagirá às ameaças depois de elas terem se apresentado. Sem tempo hábil, torna-se difícil tomar boas decisões, não é mesmo?

Para fazer um bom planejamento, é necessário identificar a contento os fatos econômicos com os quais você poderá se defrontar e que poderão atrapalhar o resultado almejado. Como será este ou aquele cenário? Fica evidente que a qualidade da resposta que você vai dar ao problema está relacionada com os seus conhecimentos de modo geral, e os de economia em especial.

Mesmo ainda participando pouco do comércio mundial, apenas 1% da fatia global, a vida cotidiana do Brasil está cada vez mais interligada com a do restante do mundo. É cada vez mais comum um acontecimento distante provocar consequências diretas em nosso país. Todos lembramos dos tristes acontecimentos de 11 de setembro de 2001 em Nova York, e da crise mundial de 2008, e acompanhamos os desdobramentos da crise europeia iniciada em 2010. Nem o país nem você vivem no vácuo.

Júlia aprendeu que existem muitos fatos internos e externos que podem interferir em sua vida pessoal e em seus planos de negócios para o futuro. Antecipar-se é a melhor atitude. Imagine que você vai por uma estrada e vê que uma ponte à sua frente caiu. Você certamente terá chance de mudar de direção. Se não estivesse olhando para a frente, o pior poderia acontecer. O conhecimento sobre a evolução da taxa de desemprego, de inflação, do câmbio, enfim, da situação geral da economia, permite a você enxergar os "buracos" no caminho.

Mesmo buscando uma abordagem mais simples, a sequência com que os diferentes assuntos foram apresentados seguiu a lógica tradicional de ensino da teoria econômica. Começamos por explicar como os consumidores e as empresas tomam suas decisões individualmente e, posteriormente, discutimos como as decisões funcionam de maneira agregada. Enfatizamos os temas que julgamos ser de maior interesse para as pessoas, por interferirem diretamente em suas vidas pessoais e profissionais: inflação, juros, câmbio, comércio internacional e globalização. Esses temas foram introduzidos, seguindo uma sequência para facilitar o entendimento e sua interligação com os demais assuntos, proporcionando uma visão global dos processos econômicos.

Júlia concluiu o seu curso universitário. Fez um enorme esforço para conciliar os estudos à noite e o gerenciamento do próprio negócio. Sua microempresa está vendendo bem e tem conseguido boas encomendas no mercado local, tendo atendido a alguns pedidos até para o mercado externo, basicamente para Miami, nos EUA, e para a Itália. O lançamento de suas roupas já vem sendo feito nos desfiles de moda que ocorrem duas vezes ao ano em sua cidade. Seu pai, como contador, faz a contabilidade da microempresa e, como já está bem conhecido nas redondezas, vem conseguindo outros clientes. Ambos trabalham muito, mas o retorno financeiro tem sido compensador.

Nós esperamos que você, leitor, também alcance o sucesso desejado e que este livro o estimule a refletir sobre formas alternativas de fazer progressos pessoais e profissionais. Esperamos, também, ter contribuído para a construção de uma sociedade mais esclarecida e menos desigual.

Apêndice

Elasticidade-preço da demanda

A teoria econômica mensura a elasticidade em variações percentuais, expressando:

Epd = variação percentual nas quantidades demandadas (Q) dividida pela variação percentual dos Preços (P).

Epd = Δ%Q / Δ%P

Onde se lê a elasticidade-preço da demanda (Epd) tem-se a razão entre a variação percentual (Δ%) nas quantidades demandadas e a variação percentual do preço de um bem específico.

É bom lembrar que, pela Lei da Demanda, a relação entre quantidades e preços é inversa. Assim, quando os preços sobem, as quantidades demandadas se reduzem, ocorrendo uma variação negativa em Q e, portanto, o resultado de Epd é negativo. Entretanto, a fim de melhor interpretação da expressão numérica, o coeficiente de elasticidade-preço é apresentado em módulo (valor absoluto).

Para melhor compreensão desse conceito, seguem alguns exemplos.

1º exemplo: Demanda Elástica

Preço inicial (P_0) = R$ 25,00 Quantidades adquiridas (Q_0) = 6	Receita do Produtor 25,00 x 6 = R$ 150,00
Novo preço (P_1) = R$ 30,00 Novas quantidades adquiridas (Q_1) = 3	Receita do Produtor 30,00 x 3 = R$ 90,00

Variação % nas quantidades: $(Q_1 - Q_0) / Q_0 = (3 - 6) / 6 = 0,50$ ou 50%

Variação % nos preços: $(P_1 - P_0) / P_0 =$ (R$ 30,00 – R$ 25,00) / R$ 25,00 = 0,20 ou 20%

$Epd = \Delta\%Q / \Delta\%P = (50 / 100) / (20 / 100) = 0,50 / 0,20 = 2,5$

$Epd = 2,5$

Esse resultado significa que o coeficiente da elasticidade-preço da demanda é de 2,5. Em outras palavras, para cada 1% de aumento de preço, haverá queda de 2,5% nas quantidades demandadas ou, ainda, para cada 10% de aumento de preço, haverá queda de 25% nas quantidades demandadas. Observe a queda de receitas de R$150,00 para R$90,00.

2º exemplo: Demanda Inelástica

Preço inicial (P_0) = R$ 12,00 Quantidades adquiridas (Q_0) = 8	Receita do Produtor R$ 12,00 x 8 = R$ 96,00
Preço final (P_1) = R$ 15,00 Quantidades finais (Q_1) = 7	Receita do Produtor R$ 15,00 x 7 = R$ 105,00

Variação % nas quantidades: $(Q_1 - Q_0) / Q_0 = (7 - 8) / 8 = 0,125$ ou 12,50%

Variação % nos preços: $(P_1 - P_0) / P_0 =$ (R$ 15,00 – R$ 12,00) / R$ 12,00 = 0,25 ou 25%

$Epd = \Delta\%Q / \Delta\%P = (12,5 / 100) / (25 / 100) = 0,125 / 0,25 = 0,5$

Neste exemplo, um aumento de 1% nos preços resultará em uma queda de apenas 0,5% nas quantidades consumidas. Logo, esse bem é muito importante para o consumidor e não possui bom substituto no mercado. A receita de vendas do produtor aumentou com a elevação de preços, uma vez que reduções nas quantidades demandadas foram pequenas, passando de R$ 96,00 para R$ 105,00.

Elasticidade-renda da demanda

Erd = variação percentual nas quantidades consumidas (Q) dividida pela variação percentual na renda (R).

Erd = Δ%Q / Δ%R

1º exemplo: Bens Normais

Renda do consumidor (R_0) = R$ 240,00
Quantidades consumidas (Q_0) = 4 unidades
Nova renda do consumidor (R_1) = R$ 400,00
Novas quantidades consumidas (Q_1) = 6 unidades

Variação % nas quantidades consumidas:
$(Q_1 - Q_0) / Q_0 = (6 - 4) / 4 = 0,50$ ou 50%
Variação % na renda do consumidor:
$(R_1 - R_0) / R_0 =$ (R$ 400,00 – R$ 240,00) / R$ 240,00 = 0,66 ou 66%
Erd = Δ%Q / Δ%R = (50 / 100) / (66 / 100) = 0,50 / 0,66 = 0,75

O valor positivo do coeficiente da elasticidade-renda demonstra que um aumento de 1% na renda do consumidor leva a uma elevação de apenas 0,75% nas quantidades demandadas. O consumidor não gastou todo o seu aumento de renda no consumo desse bem, cujo comportamento é considerado padrão. Esse bem é tido como normal.

2º exemplo: Bens Inferiores

Renda do consumidor (R_0) = R$ 240,00
Quantidades consumidas (Q_0) = 4 unidades
Nova renda do consumidor (R_1) = R$ 400,00
Novas quantidades consumidas (Q_1) = 2 unidades

Variação % nas quantidades consumidas:
$(Q_1 - Q_0) / Q_0 = 2 - 4 / 4 = -0,50$ ou -50%
Variação % na renda:
$(R_1 - R_0) / R_0$ = (R$ 400,00 – R$ 240,00) / R$ 240,00 = 0,66 ou 66%
$Erd = \Delta\%Q / \Delta\%R = (-50 / 100) / (66 / 100) = -0,50 / 0,66 = -0,75$

O valor negativo do coeficiente da elasticidade-renda mostra que, para cada aumento de 1% na renda do consumidor, haverá queda no consumo desse bem de –0,75%. À medida que os indivíduos melhoram o seu nível de renda, o consumo desse bem tende a se reduzir.

3º exemplo: Bens Superiores

Renda do consumidor (R_0) = R$ 1.240,00
Quantidades consumidas (Q_0) = 2 unidades
Nova renda do consumidor (R_1) = R$ 1.800,00
Novas quantidades consumidas (Q_1) = 4 unidades

Variação % nas quantidades consumidas:
$(Q_1 - Q_0) / Q_0 = 4 - 2 / 2 = 1,0$ ou 100%
Variação % na renda:
$(R_1 - R_0) / R_0$ = (R$ 1.800,00 – R$ 1.240,00) / R$ 1.240,00 = 0,45 ou 45%
$Erd = \Delta\%Q / \Delta\%R = (100 / 100) / (45 / 100) = 1,0 / 0,45 = 2,22$

O valor positivo do coeficiente da elasticidade-renda revela que um aumento de 1% na renda do consumidor resultará em uma elevação de 2,22%

nas quantidades demandadas; por isso, tal bem é denominado superior, uma vez que um aumento de renda implica crescimentos maiores de seu consumo.

Elasticidade-preço da oferta

1º exemplo: Oferta Elástica

Quantidade ofertada (Q_0) = 10 unidades
Preço (P_0) = R\$ 12,00
Novas quantidades ofertadas (Q_1) = 18
Novo preço (P_1) = R\$ 15,00

Variação % nas quantidades ofertadas:
$(Q_1 - Q_0) / Q_0 = 18 - 10 / 10 = 0{,}8$ ou 80%
Variação % no preço:
$(P_1 - P_0) / P_0$ = (R\$ 15,00 -- R\$ 12,00) / R\$ 12,00 = 0,25 ou 25%
Epo = $\Delta\%Q / \Delta\%P = (80 / 100) / (25 / 100) = 0{,}80 / 0{,}25 = 3{,}2$

O valor do coeficiente da elasticidade-preço da oferta foi maior que 1. Isso significa que um aumento de 1% nos preços resultará em um aumento de 3,2% nas quantidades ofertadas. Os produtores têm alta flexibilidade para ofertar maiores quantidades desse bem.

2º exemplo: Oferta Inelástica

Quantidade ofertada (Q_0) = 10 unidades
Preço (P_0) = R\$ 12,00
Novas quantidades ofertadas (Q_1) = 12
Novo preço (P_1) = R\$ 15,00

Variação % nas quantidades ofertadas:
$(Q_1 - Q_0) / Q_0 = 12 - 10 / 10 = 0{,}2$ ou 20%

Variação % no preço:

$(P_1 - P_0) / P_0$ = (R$ 15,00 – R$ 12,00) / R$ 12,00 = 0,25 ou 25%

Epo = Δ%Q / Δ%P = (20 / 100) / (25 / 100) = 0,20 / 0,25 = 0,8

O valor do coeficiente da elasticidade-preço resultou menor que 1, ou seja, 0,8. Esse resultado mostra que a oferta é pouco flexível. Os produtores têm pouca mobilidade em ofertar mais quando ocorre um aumento de preços. Nesse caso, para cada 10% de elevação de preço resulta em acréscimo de 8% das quantidades ofertadas.

3º exemplo: Oferta Unitária

Quantidade ofertada (Q_0) = 10 unidades

Preço (P_0) = R$ 12,00

Novas quantidades ofertadas (Q_1) = 12

Novo preço (P_1) = R$ 14,40

Variação % nas quantidades ofertadas:

$(Q_1 - Q_0) / Q_0$ = 12 – 10 / 10 = 0,2 ou 20%

Variação % no preço:

$(P_1 - P_0) / P_0$ = (R$ 14,40 – R$ 12,00) / R$ 12,00 = 0,2 ou 20%

Epo = Δ%Q / Δ%P = (20 / 100) / (20 / 100) = 0,20 / 0,20 = 1

O valor do coeficiente da elasticidade-preço foi igual a 1, revelando que aumentos de 1% nos níveis de preços resultam em crescimentos também de 1% nas quantidades ofertadas.

Exercícios e respostas

-Exercícios

Capítulo 1

1. Uma família que vive de aluguel resolve comprar um imóvel (residência). O pai comunica que, doravante, todos os membros da família terão de fazer alguns sacrifícios, tais como deixar de viajar, comprar somente roupas e calçados que sejam necessários e não mudar de carro. Quais são os custos e os benefícios dessa decisão?

2. Um indivíduo que recebe um salário mensal de R$ 5.000,00 resolve pedir demissão e abrir um negócio próprio, utilizando o dinheiro do Fundo de Garantia por Tempo de Serviço (FGTS), no valor de R$ 150.000,00, que rendia 3% ao ano. Qual é o custo de oportunidade dessa decisão?

3. Discuta a seguinte assertiva: as mudanças na economia em geral decorrem de decisões isoladas das empresas e dos indivíduos. Portanto, a macroeconomia está estreitamente relacionada à microeconomia.

4. Conceitue fatores de produção e responda: Há países autossuficientes em fatores de produção?

5. Qual das alternativas a seguir não se refere ao estudo da macroeconomia?

a. Estudo do comportamento e evolução do nível da atividade econômica agregada.
b. Estudo do comportamento econômico das unidades individuais, o processo decisório dos consumidores e das empresas.
c. Estudo das políticas para reduzir a taxa de desemprego.
d. Estudo de causas da elevação dos preços da economia.

Capítulo 2

1. O tempo de produção de determinado bem é importante para a mensuração da elasticidade-preço da oferta. Por que a oferta de alface é mais inelástica em comparação à oferta de sanduíches na praia?

2. Os dirigentes de dois clubes de futebol decidiram aumentar os preços dos ingressos para o jogo que iria ocorrer no domingo próximo. No final do jogo, eles ficaram surpresos quando constataram que a arrecadação (receita) do jogo fora menor que a dos jogos anteriores, que eram menos importantes para a classificação dos dois times. Por que isso ocorreu?

3. Explique esta afirmativa: "O preço da carne de frango não deve subir muito, já que os consumidores poderão se sentir motivados a substituir o frango por carnes bovinas."

4. Assinale a afirmação que seja compatível com uma expansão da oferta de um bem específico:
   a) alterações de preferência do consumidor por determinadas marcas, influenciadas pelas propagandas e publicidades;
   b) alterações de renda dos consumidores, de preços de bens concorrentes ou de distribuição de renda no mercado consumidor;
   c) aumentos de produtividade do trabalho e redução de impostos indiretos das empresas produtoras do bem específico;
   d) desvalorização de taxa de câmbio e elevação do salário real dos empregados das empresas produtoras do bem específico;

e) aumento das taxas reais de juros e dos aluguéis dos prédios industriais.

5. Comente a seguinte afirmativa: "A alteração de preço de um bem em um mercado pode provocar reação da demanda e da oferta em outros mercados."

Capítulo 3

1. Com relação aos conceitos básicos apresentados neste capítulo, assinale a alternativa correta.
   a) A quantidade produzida de um bem depende das quantidades disponíveis dos fatores da produção.
   b) Uma empresa, para produzir bens e serviços, necessita de fatores de produção (insumos e matérias-primas, por exemplo).
   c) A Lei dos Rendimentos Decrescentes diz que "a partir de certa utilização do fator variável, os acréscimos no Produto Total serão cada vez menores".
   d) Uma empresa deve produzir o máximo possível, sem levar em consideração a sua função de produção.
   e) As alternativas (a), (b) e (c) estão corretas.

2. A Lei dos Rendimentos Decrescentes é resultado das economias de escala? Comente.

3. Comente: "A Lei dos Rendimentos Decrescentes estabelece que, com o aumento da quantidade do fator variável, mantendo-se constante as quantidades dos fatores fixos, obtém-se um ponto máximo de quantidade produzida, para além do qual o Produto Marginal começa a decrescer."

4. Admitindo que a empresa esteja operando no curto prazo, quando é possível apenas alterar a quantidade de mão de obra, calcule o Produto Marginal (PMg) e o Produto Médio (PMe). Indique o número "ideal" de empregados.

Mão de Obra	Produção Total	Mão de Obra	Produção Total
1	10	5	75
2	24	6	87
3	39	7	98
4	60	8	108

5. Supondo que a demanda por um bem seja Qd = 6.000 – 1.000 x P e que a oferta seja Qo = 1.000 x P, determine o que se pede:
   a) Qual é o nível de preço e de quantidades de equilíbrio? Por que isso ocorre?
   b) Admita que o Preço de vendas passou para R$ 4,00. O que acontecerá com as quantidades demandadas e ofertadas?

Capítulo 4

1. Toda alta de preços significa inflação?

2. Um índice de preços é a soma de todos os preços na economia?

3. A elevação do índice de preços ao consumidor significa que o poder de compra da população diminui?

4. O que significa "inflação inercial"?

5. Imagine que Júlia gaste todo mês 12% de sua receita total de vendas, R$ 50.000,00 (cinquenta mil reais), na aquisição de aviamentos para a confecção de suas roupas de praia: elásticos, linhas, agulhas etc. Imagine que os preços dos aviamentos tiveram acréscimo de 15%. Qual será o impacto do aumento de preços em valores monetários (R$)? Qual é o percentual da redução da receita de vendas?

Capítulo 5

1. Determine o multiplicador bancário, avaliando seu impacto sobre a política monetária.
   Base Monetária = R$ 69.000,00
   Papel-Moeda em Poder do Público = R$ 40.400,00
   Depósitos à Vista = R$ 61.800,00

2. Marque Falso (F) ou Verdadeiro (V) nas questões a seguir.
   a) ( ) A moeda é uma reserva de valor.
   b) ( ) A moeda é a única reserva de valor.
   c) ( ) O Banco Central estabelece os níveis de reservas compulsórias para todos os bancos comerciais.
   d) ( ) A moeda é um ativo líquido.
   e) ( ) Uma venda de títulos no mercado aberto, pelo Banco Central, faz com que aumente o montante monetário das reservas bancárias.

3. Os cartões de crédito são considerados moeda? E os *travellers checks*?

4. Nas regiões agrícolas, sacos de soja são aceitos como meio de pagamento de uma máquina agrícola. Eles podem ser considerados moeda?

5. O que aconteceria se o Banco Central estipulasse um depósito compulsório de 100%?

Capítulo 6

1. O que significa "abertura comercial" de um país?

2. Quais são as vantagens de um país transacionar com o exterior?

3. Cite pelo menos três pontos negativos do comércio internacional.

4. Júlia vende, para o mercado local, roupas de praia pelo preço unitário de R$ 95,00. Com esse preço, cobre todos os seus custos e, ainda, obtém lucro de 15% por peça. Júlia recebeu uma proposta para vender no mercado externo. Uma compradora residente em Miami deseja pagar US$ 25,00 por peça. Você acha que Júlia deve vender para Miami ou continuar vendendo internamente?

5. A abertura comercial melhora as possibilidades de um país obter financiamento externo a custos relativamente menores?

Capítulo 7

1. Como mensurar o processo de globalização?

2. O processo de globalização traz algumas implicações macroeconômicas importantes para as economias locais. Destaque, pelo menos, uma dessas implicações de caráter macroeconômico.

3. O processo de globalização traz certas implicações microeconômicas importantes para as economias locais. Destaque, pelo menos, uma dessas implicações.

4. Quando um país começa a exportar um bem específico, todos os demais setores serão beneficiados indiscriminadamente?

5. Como mensurar as vantagens comparativas entre países?

Respostas

Capítulo 1

1. Os benefícios de se comprar uma moradia serão elevados. A família deixará de pagar aluguel, o que dará muita tranquilidade a todos. A família poderá fazer melhorias no imóvel, adequando-o às necessidades e confortos de todos os seus integrantes. Toda a família terá de conter os gastos extras, renunciar a certos prazeres. Nesse caso, os custos e benefícios são de difícil mensuração porque envolvem valores subjetivos, como não comprar roupas novas, deixar de ir a certos passeios etc. No entanto, a família deixará de pagar aluguel que, em valores monetários, é fácil de mensurar; por exemplo, se o imóvel alugado custa R$ 850,00 mensais, essa será a quantia poupada todo mês. Parece claro que os benefícios superarão os custos.

2. Abrir um negócio envolve altos custos iniciais, relativos à abertura da empresa, à documentação legal, à reforma do imóvel etc. Uma empresa em funcionamento exigirá do proprietário custos fixos – aqueles que não variam com as quantidades produzidas – tais como aluguel, taxa de condomínio, taxa mínima de energia elétrica e de telefone, salário da atendente. Adicionalmente, a empresa terá os custos variáveis – aqueles que sobem à medida que as quantidades produzidas aumentam – tais como matérias-primas, insumos básicos, mão de obra etc. Além desses custos, que deverão ser calculados com muito cuidado, o proprietário deverá acrescentar dois outros: o custo de oportunidade do capital financeiro (retirada do FGTS) e do trabalho (salário) do proprietário.
   Portanto, em relação ao custo de oportunidade do capital financeiro, o negócio deverá render anualmente R$ 4.500,00 (R$ 150.000,00 x 3%) ou, mensalmente, R$ 375,00. Quanto ao custo de oportunidade do trabalho do proprietário, o rendimento deverá ser, no mínimo, igual aos R$ 5.000,00, valor correspondente ao salário antigo. Esses dois custos

juntos totalizam R$ 5.375,00. Essa é a primeira avaliação do custo de oportunidade de se abrir o negócio. Mas, cuidado, não se esqueça de mensurar *todos* os outros custos iniciais. Não deixe de construir uma planilha.

3. A microeconomia trata do comportamento do consumidor e do produtor. Por exemplo, quando o preço de um bem sobe, seu consumo se retrai (muito ou pouco, dependendo da importância do bem para o consumidor). A microeconomia busca entender as razões e o impacto do aumento de preço sobre as quantidades consumidas. Quando a maioria das pessoas deixa de comprar porque os preços estão em alta, a demanda agregada interna se retrai, os *shoppings* ficam vazios e, dependendo da intensidade da queda no consumo, as empresas começarão a demitir seus empregados. O resultado poderá ser a contração da economia e, por conseguinte, a alta do desemprego, assuntos tratados pela teoria macroeconômica.

4. Os fatores de produção constituem todos os elementos necessários para a produção dos bens e serviços. São fatores de produção: (a) mão de obra; (b) capacidade empresarial dos indivíduos, também conhecida como empresariedade; (c) terra; (d) capital físico: máquinas e equipamentos; e (e) tecnologia.
   Não há países autossuficientes em fatores da produção. Alguns deles possuem recursos naturais em abundância, como, por exemplo, terra. Esse é o caso do Brasil e da Austrália. Outros países têm vocação para o desenvolvimento tecnológico, como é o caso do Japão e dos Estados Unidos. Todos os países necessitam realizar trocas para produzir seus bens e serviços. Uma parte importante do comércio internacional entre países centra-se em fatores da produção. O Brasil, em particular, adquire do exterior um fator de produção essencial: a tecnologia empregada nos mais diferentes processos produtivos internos.

5. A opção (b) é a alternativa correta. O estudo do comportamento econômico das unidades individuais e do processo decisório dos consu-

midores e das empresas é o cerne da microeconomia. Todavia, quando a maioria dos consumidores deixa de consumir, a teoria econômica afirma: "a demanda agregada está desacelerada"; e quando a maioria das empresas deixa de produzir, diz-se que: "a economia está em processo de contração ou de recessão", dependendo da intensidade da queda de produção. Esses são focos de estudo da macroeconomia.

Capítulo 2

1. Todo bem ou serviço demanda certo tempo para sua elaboração. A produção de alface leva um tempo, desde sua plantação até a colheita. Uma vez plantada determinada quantidade de pés de alface, a oferta já está estabelecida. Ademais, o plantio de alface é muito sensível às variações climáticas, podendo ocorrer quebra de safra caso haja muita chuva (externalidades). Já a preparação de sanduíches é rápida; em poucas horas, o vendedor pode retornar à sua casa e fazer mais sanduíches, caso a procura esteja elevada. Logo, a oferta de sanduíches é considerada mais elástica, em comparação à de alfaces.

2. Jogos de futebol, exceto para os fanáticos, não são considerados bens essenciais para a maioria absoluta dos indivíduos. Se o preço do ingresso subir muito acima da disponibilidade de renda dos torcedores, a grande maioria deles deixará de ir ao estádio de futebol aos domingos, pois o gasto extra (dinheiro) poderá fazer falta durante a semana para as atividades essenciais dos torcedores, como gastos com transportes e alimentação. Assim, a arrecadação (receita) dos jogos tende a cair quando o preço sobe, uma vez que as quantidades de ingressos vendidos serão bem menores.

3. As pessoas de modo geral, exceto os vegetarianos, adoram comer peixe, frango, carnes bovina e suína durante as refeições. Contudo, se o preço do frango subir muito, os consumidores podem substituir o frango por um outro tipo de carne, ou mesmo trocar a carne por ovos em

algumas refeições. Assim, se o preço do frango subir, muitos optarão por comer carne bovina. Nesse caso, o frango enfrenta uma alta elasticidade-preço da demanda. Em outras palavras, o frango se defronta com uma demanda elástica.

4. A opção (c) é a alternativa correta. Ganhos de produtividade do trabalho permitem que as empresas produzam mais a custos menores. Assim, há um aumento de oferta para um mesmo nível de preços. Se os ganhos de produtividade vierem acompanhados por redução de impostos, isso será um estímulo adicional para o aumento de oferta. Os produtores poderão repassar para os consumidores a redução de preços. Portanto, pode ocorrer um aumento de oferta acompanhado de queda de preços, dependendo do repasse dos ganhos dos produtores para os consumidores finais.

5. Do lado da demanda, temos a seguinte situação:
   a) Se houver um aumento de preço de um bem (A), e as quantidades demandadas de outro bem (B) caírem, podemos afirmar que os bens (A) e (B) são complementares no consumo. Exemplos: aparelhos de som e CDs.
   b) Se houver um aumento de preços de um bem (C), e as quantidades demandadas de outro bem (D) aumentarem, podemos afirmar que os bens (C) e (D) são substitutos. Exemplos: preço do ingresso de cinema e locação de fitas de vídeo.

   Do lado da oferta, temos a seguinte situação:
   c) Se houver um aumento de preço de um bem (A), e as quantidades ofertadas de outro bem (B) caírem, podemos afirmar que os bens (A) e (B) são substitutos na produção. Exemplos: fabricação de calçados de couro e de tênis. Nesse caso, as empresas desejarão ofertar mais do bem (A).
   d) Se houver um aumento de preços de um bem (C), e as quantidades ofertadas de outro bem (D) aumentarem, podemos afirmar que os

bens (C) e (D) são complementares na produção. Exemplos: calçados e caixas para embalar os calçados. Nesse caso, quanto maior for a fabricação de calçados, maior também será a fabricação de embalagens.

Capítulo 3

1. A opção certa é a letra (e). As afirmativas (a), (b) e (c) estão corretas, conforme os conceitos básicos apresentados ao longo do Capítulo 3.

2. Errado. Economias de escala resultam da produção em grande escala. Ao duplicar quantitativamente os fatores da produção, a produção mais que duplica. Nesse caso, o custo médio (custo total dividido pelas quantidades) de longo prazo tende a cair, pois todos os fatores de produção são variáveis, ou seja, podem ser alterados.
   Rendimentos decrescentes de escala ocorrem quando, no curto prazo, alguns fatores de produção ficam fixos. Assim, a produtividade dos fatores variáveis torna-se decrescente, e os custos de produção tendem a aumentar.

3. No início do processo produtivo, a Produção Total (PT) tende a aumentar a uma taxa crescente. Depois de certo número de empregados, acréscimos na produção total costumam ser menores. (Veja Tabela 3.1 no Capítulo 3.) A contratação do 11º empregado elevou a produção total de 100 para 150 peças, o que resultou em um acréscimo de mais 50 peças de roupas de praia. Já a contratação do 12º empregado aumentou a produção total, porém essa elevação foi relativamente menor: acréscimo de 30 peças.

4. Observe que, a partir do 5º empregado, a produção total continua a crescer, chegando a atingir 108 unidades; contudo a produção média e marginal começa a decrescer. O número ideal de empregados, nessas circunstâncias, seria entre 4 e 5.

Mão de Obra	PT	PMg	PMe
1	10	–	10
2	24	14	12
3	39	15	13
4	60	21	15
5	75	15	15
6	87	12	14,5
7	98	11	14
8	108	10	13,5

5. a) As quantidades ofertadas: Qo = 1.000 x P. As quantidades demandadas: Qd = 6.000 – 1.000 x P. Igualando a Oferta com a Demanda, temos Qo = Qd. Ou seja, 1.000 x P = 6.000 – 1.000 x P. Calculando, encontramos, Preço = R$ 3,00. Substituindo nas equações, tem-se: Qo = Qd. Então: 1.000 x 3 = 6.000 – 1.000 x 3 = 3.000. A quantidade de equilíbrio são 3.000 unidades, para um preço igual a R$ 3,00. A esse nível de preço não haverá nem excesso de oferta nem escassez de demanda.

   b) Pela Lei da Oferta e da Demanda, quando os preços sobem, as empresas querem ofertar e os consumidores desejam comprar menos. Teremos:
   Qo = 1.000 x P. Então: Qo = 4.000 (quantidades ofertadas)
   Qd = 6.000 – 1.000 x P. Então: Qd = 2.000 (quantidades demandadas)
   A esse outro nível de preço haverá um excesso de oferta de 2.000 unidades, ou seja, surgirão estoques elevados para as empresas. O preço elevado deverá cair para eliminar o excesso de oferta.

Capítulo 4

1. Não. A inflação caracteriza-se pela alta contínua e generalizada da maioria dos preços da economia. A subida de preços, em um mês, e a queda, em outro, não configuram inflação. As oscilações de preço para cima e para baixo fazem parte do dia a dia da atividade econômica.

2. Não. Um índice de preços não representa a soma da variação de todos os preços da economia. Um índice de preços constitui a média ponderada da variação de preços de determinada cesta de bens e serviços. Para o cálculo do Índice de Preços ao Consumidor (IPC) do IBRE/FGV, são pesquisados mensalmente cerca de 360 produtos e serviços, agrupados em sete grandes classes de despesas. Esses produtos e serviços são previamente escolhidos pela população, por meio de uma pesquisa, que tem por objetivo identificar o padrão de consumo da população das principais regiões metropolitanas do país.

3. Sim. Um índice de preços ao consumidor, que mensura a variação dos preços de uma cesta de bens e serviços em nível de varejo, dá uma boa noção da perda do poder de compra da população. Exemplo: Imagine que para adquirir uma cesta de bens e serviços, a população gaste R$ 240,00. Se o IPC apresentar uma alta acumulada de 10%, isso significa que, para adquirir as mesmas quantidades, o consumidor terá que dispor de R$ 264,00, ou seja, R$ 240,00 + R$ 24,00.
   De outra forma: os R$ 240,00 equivalem efetivamente a apenas R$ 216,00 (duzentos e dezesseis reais), ou seja, R$ 240,00 – R$ 24,00. Há perda de 10% no poder de compra.

4. Inflação inercial, ou memória inflacionária, é a capacidade que os agentes da economia têm para repassar aos consumidores os aumentos de preço. A inflação inercial significa os reajustes de preços e de salários provocados por certo mecanismo de indexação ou de correção

monetária, que existia no País. O Plano Real, instituído em 1994, eliminou quaisquer mecanismos de indexação.

5. Da receita total de vendas, de R$ 50.000,00, 12% são despendidos em aviamentos. Isso representa, em valores monetários, R$ 6.000,00 (12% de R$ 50.000,00). Logo, restam-lhe R$ 50.000,00 – R$ 6.000,00 = R$ 44.000,00.
   Um acréscimo de 15% nos preços dos aviamentos fará com que Júlia passe a despender R$ 6.900,00. Logo, R$ 50.000, 00 – R$ 6.900,00 = R$ 43.100,00.
   Júlia terá uma redução de receita disponível de 2,05%, ou seja, R$ 43.100,00 divididos por R$ 44.000,00 – 1 x 100 = 2,05%. Esse é o percentual de redução da receita disponível de vendas.

Capítulo 5

1. Base Monetária = R$ 69.000,00
   Papel-Moeda em Poder do Público = R$ 40.400,00
   Depósitos à Vista = R$ 61.800,00
   Multiplicador Bancário ou Monetário é a razão entre M_1 e Base Monetária, em que M_1 constitui-se de Papel-Moeda em Poder do Público mais os Depósitos à Vista.
   Logo, R$ 40.400,00 + R$ 61.800,00 / R$ 69.000,00 = 1,481. Para cada R$ 1,00 que o Banco Central oferta de moeda (em circulação no país), o sistema bancário "cria" mais R$ 0,481. Quanto maior for o efeito multiplicador monetário, maior será a expansão de moeda no sistema econômico.

2. a) (V) *A moeda é uma reserva de valor.* As pessoas podem dispor de moeda como forma de reserva de valor. Isso significa também que elas têm uma alta preferência pela liquidez.
   b) (F) A *moeda é a única reserva de valor.* Outros ativos também podem servir como reserva de valor. Exemplo: ouro, pedras preciosas etc.

c) (V) *O Banco Central estabelece os níveis de reservas compulsórias para todos os bancos comerciais.* Esse procedimento é um poderoso instrumento de controle monetário e causa efeito imediato sobre o sistema econômico.

d) (V) *A moeda é um ativo líquido.* A moeda constitui um ativo de alta liquidez. O dinheiro em espécie tem liquidez perfeita porque está disponível em poder do público. Já os recursos depositados nos bancos, apresentam liquidez alta, mas não perfeita. Sua liquidez depende, por exemplo, do saque bancário ou da aceitação de cheques.

e) (F) *Uma venda de títulos no mercado aberto, pelo Banco Central, faz com que aumente o montante monetário das reservas bancárias.* A venda de títulos públicos no mercado retira moeda dos bancos. Logo, ao diminuir os depósitos à vista, reduz, também, o montante do recolhimento compulsório ao Banco Central, diminuindo, assim, o montante de reservas bancárias.

3. Os cartões de crédito e os *travellers checks* não são considerados moedas, pois exercem somente a função de meio de pagamento. As inovações tecnológicas no sistema bancário estão facilitando as transações entre as pessoas e os países, ao criar "moedas de plástico" ou em forma de "talonário", mas não caracterizam moeda propriamente dita. Para se denominar moeda, o objeto deve exercer três funções básicas: (a) meio de troca; (b) unidade de conta ou de referência; e (c) reserva de valor.

4. Os sacos de soja assumem a função de moeda-mercadoria, sendo muito utilizados em determinadas regiões agrícolas do país. Os produtores de soja podem quitar o pagamento de uma máquina agrícola com certa quantidade de sacos de soja. Os credores aceitam-na como forma de pagamento, pois sabem que terão facilidade para trocar a soja por dinheiro em espécie. Entretanto, imagine essa situação em uma grande cidade: O que uma pessoa faria com um saco de soja no meio da Avenida Paulista, no centro de São Paulo?

5. Se os bancos comerciais tivessem que recolher ao Banco Central, em depósitos compulsórios, toda a sua movimentação diária, eles não teriam recursos disponíveis para emprestar aos seus correntistas. Logo, o efeito multiplicador monetário seria nulo e haveria uma brutal redução de moeda em circulação. Fernando Collor de Melo instituiu essa medida no início de seu governo, em 1990. O resultado foi uma forte recessão econômica, com queda (–5,05%) do PIB.

Capítulo 6

1. Abertura comercial significa a adoção de medidas para reduzir as barreiras comerciais: tarifas, cotas e entraves burocráticos. O Brasil era, até o final dos anos 1980, uma economia fechada. A partir de então, foram tomadas várias medidas de políticas públicas em direção à desregulamentação da economia, objetivando sua inserção no comércio internacional. A participação das importações e exportações de bens e serviços no PIB passou de 15,1%, em 1990, para 31,3%, em 2004, segundo dados publicados pelo Banco Central e pelo IBGE.

2. As transações de um país com o resto do mundo trazem muitas vantagens; entre outras, podemos destacar: (a) maior diversidade de mercadorias e de serviços usufruída pela população local; (b) acesso a novas tecnologias incorporadas na aquisição de máquinas e equipamentos e, também, na compra direta de conhecimento tecnológico; e (c) maiores ganhos de eficiência e de produtividade. A abertura à concorrência externa resulta em ganhos de escala e de escopo das empresas locais, que passam a buscar novos mercados consumidores.

3. Como visto no exercício anterior, o comércio internacional proporciona muitas vantagens, mas também traz algumas desvantagens. Entre elas, podemos destacar: (a) fechamento de empresas nacionais com baixos níveis de eficiência e competitividade que, associado à acirrada competição para redução de custos de produção, pode levar à diminuição de postos

de trabalho, gerando desemprego estrutural; (b) maior dependência de matérias-primas, insumos e tecnologia do exterior, expondo o país a choques de oferta de origem externa; e (c) perda de soberania nacional decorrente da presença de grandes corporações internacionais, em caso de subordinação de políticas públicas internas a interesses além-fronteiras.

4. A decisão de Júlia deve ser baseada na análise das receitas em reais que ela irá obter tanto no mercado brasileiro quanto no mercado externo, no caso de vendas para Miami. Vejamos:
   Se Júlia vender 100 roupas de praia para cada um dos mercados, receberá R$ 9.500,00 de receita de vendas no mercado interno e US$ 2.500,00 com as vendas no mercado externo.
   Imagine que, no momento em que Júlia for converter os dólares em reais, a cotação do câmbio esteja em R$ / US$ = 3,50. Logo, receberá US$ 2.500 x 3,50 = R$ 8.750,00. Como vimos, esse valor é inferior à receita obtida no mercado interno, que era de R$ 9.500,00. Parece que não compensa vender suas peças de praia para o mercado de Miami.
   A venda para o mercado norte-americano só será vantajosa se a cotação do câmbio for igual ou superior a R$ / US$ = 3,80, ou seja: US$ 2.500 x 3,80 = R$ 9.500,00. Ou, então, Júlia deverá propor à compradora de Miami um valor unitário superior a US$ 25,00. Uma boa proposta para Júlia seria o preço em dólares alcançar US$ 27,50. Assim, se a cotação do câmbio for de R$ / US$ = 3,50, compensará para Júlia vender para Miami, uma vez que US$ 27,50 x 100 peças de roupas de praia = US$ 2.750,00 x 3,50 = R$ 9.625,00.

5. Quanto maior for a inserção comercial de um país no mercado internacional, maiores serão suas chances de obter bons financiamentos externos a custos relativamente menores, para impulsionar o desenvolvimento econômico. Realizando transações comerciais no mercado mundial, o país obtém receitas de exportação em moedas estrangeiras, aumentando sua capacidade de honrar compromissos futuros. O risco-país tende a ser menor, o que barateia o custo do financiamento.

Capítulo 7

1. Podemos mensurar o processo de globalização por diferentes indicadores. Alguns exemplos: (a) razão entre o valor das transações no exterior, importações e exportações de bens e serviços, sobre o total produzido de bens e serviços finais (PIB); (b) razão entre os investimentos estrangeiros diretos destinados a determinado país pelo total dos investimentos estrangeiros diretos; (c) razão entre o montante de recursos externos destinados ao mercado acionário e o montante total, em determinado período.

2. A globalização traz implicações macroeconômicas importantes para as economias nacionais. Destacam-se: (a) o fluxo de comércio altera a estrutura e os custos de produção de bens e serviços, do lado da oferta, e a cadeia de suprimentos, do lado da demanda; e (b) o movimento de capitais internacionais causa impacto sobre a política de créditos, com reflexos diretos na capacidade de financiamento dos setores públicos e privados locais.

3. A globalização traz várias implicações microeconômicas importantes para as economias domésticas. Podemos destacar pelo menos duas delas: (a) eliminação de barreiras de entrada, gerando o aparecimento de novos concorrentes e de bens substitutos, com reflexos diretos sobre a elasticidade-preço de oferta e de demanda; e (b) mudanças nas estratégias de competição, centradas em maior conteúdo tecnológico de processos, introdução de inovações de produtos e especialização em determinadas linhas de produção.

4. Quando um país passa a exportar um bem específico, os produtores desse bem irão lucrar, pois estão expandindo seus negócios e aumentando seus limites de crescimento. No entanto, os consumidores locais podem vir a sofrer com o aumento dos preços internos desse bem, em razão de o preço passar a ser determinado no mercado internacional.

É o caso do café: os brasileiros pagam preços internacionais pelo cafezinho tomado em todos os bares da esquina.

5. As vantagens comparativas entre países podem ser mensuradas com base na comparação dos preços internos, de determinado bem ou serviço, com os externos. Um preço interno menor demonstra que o país possui maiores vantagens comparativas na produção de certo bem e, portanto, se tornará um exportador. Ao contrário, o preço interno maior que o praticado no exterior indica que o país deverá tornar-se um importador.

Dicionário do aprendiz de economista

Amortização – Pagamento de parcela do principal de uma dívida (empréstimo ou financiamento).

Agregados monetários – Constituem os saldos monetários contabilizados pelas autoridades monetárias (Banco Central) e pelas instituições de intermediação financeira (bancos comerciais).

Balanço de pagamentos – Conjunto de registros contábeis das transações comerciais (bens e serviços), rendas e financeiras de um país com o exterior, ou seja, entre residentes e não residentes. Para facilitar as comparações, os países seguem um padrão internacional, estabelecido pelo FMI.

Cartel – Acordo comercial entre empresas que se organizam para impor preços, cotas (quantidades), segmentos etc., limitando a livre concorrência.

Choque de oferta – Acontecimento inesperado. Mudanças em certos fatores que afetam a quantidade ofertada. Exemplo: geada, seca etc.

Coeficiente de reservas – Refere-se à proporção dos depósitos mantidos em caixa pelos bancos comerciais, para atender ao movimento diário de saques.

Comércio intraindústria – Transações internacionais de bens similares, que são produzidos pelos mesmos segmentos industriais nos diferentes países.

Curto prazo – Período em que pelo menos um dos fatores de produção permanece fixo, o que impõe um limite ao crescimento da produção (expansão das quantidades ofertadas).

Curva de Phillips – Curva que mostra a relação entre as taxas de inflação e a taxa de desemprego. Em uma visão mais atualizada, a curva de Phillips mostra a relação entre as variações da taxa de inflação e as variações da taxa de desemprego.

Custo – São todos os gastos incorridos pelas empresas na produção, fabricação, criação dos bens e serviços a serem disponibilizados no mercado.

Custo de oportunidade – Mensura o melhor uso alternativo de uma escolha, ou seja, quanto custa fazer uma opção em detrimento de outra. Mede o grau de sacrifício (custo) de uma decisão.

Custo marginal – Representa o custo extra (adicional) por produzir uma unidade adicional.

Custo total – Constitui todos os gastos relativos à produção dos bens e serviços a serem ofertados no mercado.

Custos fixos (CF) – São os custos que permanecem inalterados, não importando o nível de produção, ou as quantidades produzidas.

Custos variáveis (CV) – São os custos que variam de acordo com as quantidades produzidas.

Demanda – Representa a quantidade que os consumidores estão dispostos a adquirir no mercado, em determinado período.

Dívida soberana – É aquela em que o governo de um país, para cobrir seu déficit fiscal (resultado de ter gastos maiores que sua arrecadação), emite e vende títulos aos investidores de outros países.

Efeito multiplicador bancário ou monetário – Fenômeno decorrente da capacidade de os bancos multiplicarem a moeda em circulação na economia, emprestando os recursos disponíveis.

Efeito renda – Dada uma alteração no preço de determinado bem, o efeito renda mensura a variação das quantidades demandadas desse bem diante de uma mudança na renda real do consumidor, *coeteris paribus*. Por exemplo: se o preço de um bem subir e a quantidade demandada desse mesmo bem cair, a renda real do consumidor cairá, *coeteris paribus*.

Efeito substituição – Dada uma alteração no preço de determinado bem, o efeito substituição mensura a variação das quantidades demandadas desse bem diante de uma alteração nos preços relativos dos bens, *coeteris paribus*. Por exemplo: se o preço de um bem subir e a quantidade demandada desse mesmo bem cair, é porque ele ficou mais caro em relação aos outros bens disponíveis no mercado.

Elasticidade – Mensura a variação percentual em uma variável, dada uma variação percentual em outra, *coeteris paribus*.

Elasticidade-preço da demanda – Mensura a variação percentual (Δ%) das quantidades demandadas para cada variação percentual de preço. Representa a divisão entre a variação percentual das quantidades demandadas (Q) e a variação percentual dos preços (P): **Epd = Δ%Q / Δ%P**.

Elasticidade-preço da oferta – Mensura a variação percentual das quantidades ofertadas para cada variação percentual de preço. Representa a divisão entre a variação percentual nas quantidades ofertadas e a variação percentual do preço específico: **Epo = Δ%Q / Δ%P.**

Encaixe técnico – Parte dos depósitos mantida em caixa dos bancos comerciais para atender às eventuais retiradas de alguns depositantes.

Escassez – Insuficiência de determinado bem, serviço ou fator de produção para satisfazer as necessidades do mercado. Há escassez quando a quantidade demandada é maior que a quantidade ofertada.

Excesso de demanda – Indica uma quantidade demandada maior que a quantidade ofertada. Em um mercado competitivo, o excesso de demanda tende a elevar os preços.

Excesso de oferta – Representa uma quantidade ofertada maior que a quantidade demandada. Em um mercado competitivo, o excesso de oferta tende a reduzir os preços.

Função de produção – Relação técnica entre as quantidades físicas de fatores de produção e a quantidade física da produção, em determinado período de tempo. A função de produção determina as diferentes possibilidades de produção.

Inflação – É o aumento contínuo e generalizado do nível geral dos preços da economia.

Lei da demanda – Relação inversa entre quantidade demandada e preço de determinado bem ou serviço. Demanda-se mais a um preço menor e menos a um preço maior.

Lei da oferta – Relação direta entre quantidade ofertada e preço de determinado bem ou serviço. Oferta-se mais a um preço maior e menos a um preço menor.

Lei das vantagens comparativas – É como a ciência econômica denomina a diferença de custo relativo de produção de um país em comparação a outros.

Longo prazo – É o período de tempo em que todos os fatores de produção podem variar simultaneamente.

Lucro – É a diferença entre Receitas Totais e Custos Totais.

Macroeconomia – É a parte da ciência econômica que estuda o comportamento dos grandes agregados econômicos, tais como PIB, Renda Nacional e outros.

Microeconomia – É a parte da ciência econômica que estuda o comportamento dos consumidores e produtores em mercados específicos.

Moeda – Meio de troca socialmente aceito como contrapartida para as transações de bens e serviços, ou para a liquidação de dívidas, assumindo também as funções de unidade de referência (conta) e de reserva de valor (entesouramento).

Oferta – Representa a quantidade máxima que os produtores estão dispostos a colocar no mercado, em determinado período.

Orçamento fiscal – Orçamento público ou fiscal, principal instrumento de planejamento e execução das finanças públicas. Constitui a previsão das receitas e a determinação das despesas públicas.

Política comercial – Conjunto de medidas adotadas pelos diferentes países para disciplinar as relações comerciais com os outros países (mercados).

Ponto de break-even – É o nível de produção mínima no qual a receita gerada é igual ao total dos custos naquele mesmo nível, ou seja, nesse ponto, o lucro é zero porque as receitas de venda se igualam aos custos de produção.

Produto marginal – Mede a variação (Δ) na quantidade total produzida, dividida pela variação de uma unidade de um fator de produção, mantendo-se constantes todos os demais fatores de produção. Exemplo: é razão entre a variação da produção total (PT) e a variação do fator trabalho (T): **PMg = ΔPT / ΔT.**

Produto médio – Razão entre a Produção Total e a quantidade de um único fator de produção, mantendo-se inalterados os outros fatores da produção. Exemplo: A Produção Total (PT) dividida pela quantidade do fator trabalho (T) mostra o número de trabalhadores necessários para produzir certa quantidade de bens: **PMe = PT / T.**

Produto Total – Também denominado Produção Total, se refere à quantidade total produzida em determinado período.

Quantidade demandada – Indica a quantidade máxima que os consumidores estão dispostos a adquirir a um determinado preço e período.

Quantidade ofertada – Indica a quantidade máxima que os produtores (empresários) estão dispostos a ofertar a um determinado preço e período.

Receita marginal – Representa a receita extra por vender uma unidade adicional.

Receita total – Constitui as receitas das vendas dos bens e serviços no mercado. Preço multiplicado pelas quantidades produzidas (P x Q).

Recessão – Fase de retração da atividade econômica, por certo período, com queda do PIB e dos investimentos produtivos.

Risco-país – Medida que avalia as possibilidades de um país honrar seus compromissos no exterior.

***Spread* bancário** – Diferença entre a taxa paga pelo tomador do empréstimo bancário e a taxa paga para captação dos recursos pelos bancos comerciais.

Taxa de juros – É o custo do uso da moeda.

Taxa de câmbio nacional – Razão de preços entre duas, ou mais, moedas estrangeiras.

Fontes para consulta

Órgãos governamentais

O governo, em suas diferentes esferas, é uma excelente fonte de informações, principalmente os ministérios ligados à área econômica. Podemos citar as seguintes empresas públicas e de economia mista:

BNDES – Banco Nacional de Desenvolvimento Econômico e Social – www.bndes.gov.br

CEF – Caixa Econômica Federal – www.caixa.gov.br

BB – Banco do Brasil – www.bancodobrasil.com.br

Bacen – Banco Central do Brasil – www.bacen.gov.br

Fundações e institutos

Estes estabelecimentos constituem fontes de informação muito ricas, sendo os principais:

Inmetro – Instituto Nacional de Metrologia – www.inmetro.gov.br

Ipea – Instituto de Pesquisa Econômica Aplicada – www.ipea.gov.br

IBGE – Instituto Brasileiro de Geografia e Estatística – www.ibge.gov.br

INPI – Instituto Nacional de Propriedade Industrial – www.inpi.gov.br

Ibam-Rio – Instituto Brasileiro de Administração Municipal – www.ibam.org.br

FGV – Fundação Getulio Vargas – www.fgv.br

IBPT – Instituto Brasileiro de Planejamento Tributário – www.ibpt.com.br

Meios de comunicação

O rádio, a televisão, os jornais e as revistas possuem informações atuais e variadas. Uma excelente (e barata) maneira de consultar jornais e revistas é por meio de seus sites. O portal UOL (www.uol.com.br) possui uma seção na qual é possível acessar os principais jornais do País e do mundo.

Internet

É a grande fonte de informação, em razão da sua constante atualização e da possibilidade de consultar bancos de dados cada vez maiores. Por meio dos sites de busca (Bing, Google, Wikipedia etc.), é possível fazer buscas de informações sobre qualquer assunto no mundo todo. O potencial desta fonte é inesgotável.

Instituições no exterior

Existem inúmeras fontes de informação baseadas no exterior. Com a crescente internacionalização da economia, essas fontes serão cada vez mais consultadas por empresas sediadas no Brasil.

Bibliografia para quem deseja se aprofundar no assunto

BLANCHARD, O. *Macroeconomia*. 3. ed. São Paulo: Prentice Hall (Pearson), 2003.

DORNBUSCH, Rudiger *et alli*. *Introdução à economia*. Rio de Janeiro: Campus/ Elsevier, 2004.

FERGUSON, C. E. *Microeconomia*. 20. ed. Rio de Janeiro: Forense Universitária, 1999.

LOPES, L. M.; VASCONCELLOS, M. A. S. *Manual de macroeconomia básico e intermediário*. São Paulo: Atlas, 2000.

MANKIN, N. Gregory. *Introdução à economia*. 2. ed. Rio de Janeiro: Campus/ Elsevier, 2001.

MATESCO, V. R. Fluxos mundiais de investimentos: a internacionalização da economia brasileira. In: LACERDA, Antonio C. (org.). *Desnacionalização: mitos, riscos e desafios*. São Paulo: Contexto, 2000.

PORTO GONÇALVES A. C. (coord.). *Economia aplicada*. 9. ed. Rio de Janeiro: FGV, 2010.

ROSSETTI, J. P. *Introdução à economia*. 20. ed. São Paulo: Atlas, 2003.

Conheça os outros títulos da coleção *Para não especialistas*

Esperamos que você aproveite bem as dicas deste livro.
Se quiser nos enviar um e-mail, os endereços são:

Virene Roxo Matesco <vrmatesco@terra.com.br>
Paulo Henrique Schenini <pschenini@gmail.com>

Boa economia para você!

Este livro foi composto em Giovanni Book 10.5/16, pela Matiz Designers,
e impresso pela Finaliza Editora e Indústria Gráfica Ltda., em papel *offset* 90g/m[2],
para a Editora Senac Rio de Janeiro, em novembro de 2014.